事業者必携

各種申請書記載例つき！
◆資金調達から登記、税務、社保手続きまで◆

最新 起業のための 設立&運営手続き サポートマニュアル

税理士・MBA
大沢 豪 監修

三修社

本書に関するお問い合わせについて
本書の内容に関するお問い合わせは、お手数ですが、小社
あてに郵便・ファックス・メールでお願いします。
なお、執筆者多忙により、回答に1週間から10日程度を
要する場合があります。あらかじめご了承ください。

はじめに

　本書を手に取られた人の多くは、「起業」「独立開業」を志している方や、それをサポートされている皆様だと思います。

　起業しようと思ったら、まず意思や動機づけの確認をしてみましょう。独立開業が憧れなどのうわついた気持ちからではないのか、今の仕事から逃げるための方便ではないのか、といったことを確認してみましょう。次に、業種の選択です。過去に自分が関係してきた業種であれば、リスクが少ないという利点があります。経験のない業種に乗り出すのであれば、経験者の話を聞いたり、市場調査を綿密に行うなど、十二分な情報を集めておく必要があります。起業することについての家族の理解やサポートを得ることも大切になります。

　仲間同士で独立開業する場合、考えられるすべてのケースを想定して計画を立てておくことが大事です。特に、経済的負担・利益の分配・役職と権利関係については、明確にしておかなければなりません。また、同じような分野に強みを持つ者ばかりが集まっても会社としては機能しない可能性もあります。必要な業務内容をこなせる人材をバランスよく集めてから会社を設立することも大切になってきます。

　本書は、創業時に直面する、「資金調達・融資」「設立手続き」「設立時や設立後に必要になる社会保険や税務上の届出」「経理事務」の各分野を中心に、図解や申請書類の記載例なども豊富に盛り込み、わかりやすく解説しているのが特徴です。とくに制度融資や公庫融資などで必要になる創業計画書の書き方については紙面を割いています。設立手続きについては、株式会社の設立登記を中心に、あわせて知っておくべき種類株式や共同で創業する場合の株主間契約について解説しました。その他、役員報酬の決め方、個人事業主のための開業手続きや、補助金申請手続きについてもフォローしています。

　本書を通じて、皆様のお役に立つことができましたら監修者としてこれに勝る喜びはありません。

監修者　税理士・MBA　大沢　豪

目 次

はじめに

第1章　開業計画を立てる

1　まずは事業計画を立てよう　　10
2　収支計画や資金繰り計画を怠らないようにする　　13
3　個人ではじめるのと会社を設立するのではどちらが得なのか　　15
4　個人事業で開業するときの届出について知っておこう　　19
　　書式　個人事業の開廃業等届出書　　23
　　書式　事業開始等申告書　　24
5　オフィスや店舗は必要なのか　　25
6　設備投資の計画を立てる　　28
7　フランチャイズ契約とはどんなものなのか　　31
8　許認可申請をするにはどうしたらよいのか　　35
Column　小規模企業共済への加入を検討する　　38

第2章　資金調達・融資のための手続きと書類の書き方

1　創業における資金調達法について知っておこう　　40
2　融資による資金調達法について知っておこう　　44
3　創業融資はどのように決まるのか　　48
4　融資に必要な保証人や担保について知っておこう　　50
5　融資を受ける際にはどんな書類が必要なのか　　54
6　創業計画書の書き方をマスターしよう①　　56
7　創業計画書の書き方をマスターしよう②　　59
8　創業計画書の書き方をマスターしよう③　　61

	書式	創業計画書（日本政策金融公庫）	66
	書式	創業計画書（東京信用保証協会）	68

9　創業後の見通しを立てる　72
　　書式　収支計画書（年次）　78
　　書式　収支計画書（月次）　79
10　減価償却費について知っておこう　80
11　創業融資担当者は創業計画書のどこをチェックするのか　82
12　制度融資を受ける　86
　　書式　信用保証委託申込書　89
　　書式　信用保証委託契約書　90
　　書式　個人情報の取扱いに関する同意書　91
13　日本政策金融公庫の公庫融資を受ける　92
　　書式　借入申込書　97
　　書式　企業概要書　98
14　補助金について知っておこう　100
　　書式　平成27年度創業・第二創業促進補助金様式1　106
　　書式　平成27年度創業・第二創業促進補助金様式2　107

第3章　株式会社の設立登記

1　株式会社の設立手続きの流れを知っておこう　112
2　申請手続きに必要な印鑑を用意する　115
　　書式　代表取締役の印鑑（改印）届書　118
3　定款の記載事項について知っておく　119
　　書式　定款（非公開会社、取締役会非設置、取締役3人）　122
4　定款の認証を受け株式の払込みをする　131

書式	株主名簿	134
書式	払込みがあったことを証する書面	135

5 設立時の代表取締役、取締役や監査役の選任について知っておく　136
書式	設立時取締役の就任承諾書	139
書式	設立時代表取締役の就任承諾書	140
書式	本店所在地決議書	141
書式	発起人会議事録	142
書式	設立時代表取締役選定決議書	143

6 創業段階で現物出資をする場合の手続きについて知っておこう　144
7 登記とはどんな制度なのか　146
8 登記申請手続書類の作成方法を知っておく　149
書式	登記申請書	154
書式	登記すべき事項（取締役3人、代表取締役1人）	155
書式	登録免許税納付用台紙	156

9 会社設立にあたってその他こんなことも知っておこう　157

第4章　設立後の税金、労務、社会保険の手続き

1 法人設立時の社会保険関係の手続きについて知っておこう　160
書式	適用事業報告	165
書式	労働保険保険関係成立届	166
書式	労働保険概算保険料申告書	167
書式	雇用保険適用事業所設置届	168
書式	雇用保険被保険者資格取得届	169
書式	健康保険厚生年金保険新規適用届	170
書式	健康保険厚生年金保険保険料口座振替納付申出書	172
書式	健康保険厚生年金保険被保険者資格取得届	173

書式	健康保険被扶養者届	174
書式	国民年金第3号被保険者資格取得・種別変更・種別確認（3号該当）届	175

2 法人設立時の税金関係の手続きについて知っておこう　176

書式	法人設立届出書	180
書式	給与支払事務等の開設届出書	181
書式	棚卸資産の評価方法の届出書	182
書式	減価償却資産の償却方法の届出書	183
書式	有価証券の一単位当たりの帳簿価額の算出方法の届出書	184
書式	源泉所得税の納期の特例の承認に関する申請書	185
書式	青色申告の承認申請書	186
書式	消費税課税事業者選択届出書	187
書式	消費税簡易課税制度選択届出書	188
書式	法人設立（設置）届出書	189
書式	給与支払報告・特別徴収にかかる給与所得者異動届出書	190
書式	市民税・都民税の特別徴収への切替申請書	191

3 役員報酬決定・改定の手続きについて知っておこう　192

書式	株主総会議案例（取締役会非設置会社での役員報酬減額の決定）	194
書式	取締役決定書例（個々の取締役の報酬の減額）	195

4 労務管理上必要なルールについて知っておこう　196

書式	労働条件通知書	198
書式	時間外労働・休日労働に関する協定届	200

5 次年度以降に必要になる税金・社会保険の手続き　201

書式	労働保険概算・確定保険料申告書	203
書式	確定保険料算定基礎賃金集計表	204
書式	算定基礎届（従業員にパートタイム労働者がいる場合）	205
書式	総括表（従業員にパートタイム労働者がいる場合）	207

|書式| 総括表附表（従業員にパートタイム労働者がいる場合） 208

第5章　毎月の経理事務の基本

1	経理の仕事について知っておこう	210
2	決算と経理の関係について知っておこう	213
3	伝票や証憑書類の扱いはどうする	216
4	総勘定元帳と補助簿について知っておこう	218
5	簿記と仕訳の基本について知っておこう	220
6	勘定科目について知っておこう	225
7	貸借対照表の勘定科目について知っておこう	228
8	損益計算書の勘定科目について知っておこう	230
9	勘定科目をふまえた仕訳をする	232
10	給与計算事務も必要になる	234
11	割増賃金を計算してみる	239
12	賞与額を計算してみる	242
13	年度更新の計算をしてみる	245
14	所得税・住民税の源泉徴収事務について知っておこう	248
15	年末調整について知っておこう	250

Column　法人税申告書の作成はとても大切　253

索　引　254

第1章

開業計画を立てる

1 まずは事業計画を立てよう

独立開業の夢や情熱を事業計画書で具体化する

なぜ計画書を作成するのか

　独立開業というと夢や成功後のイメージが先行してしまいがちですが、入念な事前調査、しっかりとした事業計画、資金の準備が大切です。

　事業計画書とは、事業に対する夢やアイデアを、第三者でもわかるように、文字や数値などを使い、目に見える形で具体的に書き表したものを言います。

　今、自分自身の頭の中には事業に対する夢やアイデアがあふれていて、事業の全体像のイメージができていたとしても、それは他人にとっては単なる夢物語にしか映りません。そこで、自分自身の事業が夢物語ではなく、実現可能性が高いものなのだということを説明し、第三者を説得する必要が出てきます。そのために、事業計画を作成する必要があります。

　事業計画書を作成するメリットはたくさんありますので、簡単なものでもよいので作成しておくことをお勧めします。自分が行おうとする事業内容を文章で作成することを通して、イメージにすぎなかったものが、はっきりとした形になってきます。事業計画書の作成でつまずいた場合、そもそものアイデアに矛盾があったり事業化に適していないという可能性もありますので、事業自体の問題点を発見することができます。

　作成した事業計画書は独立後の事業のシナリオとすることで、事業経営がシナリオ通りに順調に進んでいるかどうかを点検することにも役立ちます。また、**創業計画書**（66、68ページ）として金融機関に融資を依頼する場合のベースになりますし、仕入先などのパートナーや顧客、共同経営者に事業の魅力と内容を理解してもらい、協力を得るための資料にもなります。

事業計画書を書くときのポイント

　事業計画書には、特に決まった形式や様式などがあるわけでもなく、大げさに考える必要は全くありません。自由に作ってもらってかまいません。作成する場合にはわかりやす

さを心がけましょう。そのためには6W2Hを基本にして文書化していくとよいでしょう。

まず、「なぜ(WHY)」「何を(WHAT)」「どこで(WHERE)」「誰に対して(WHOM)」「どのように(HOW)行うのか」という基本的な構想を明確にします。加えて「いつ(WHEN)」「誰が(WHO)」「どのくらいの資金で(HOW MUCH)行うのか」という具体的な実施計画の項目を考えていくようにします。

まずはメモ書き程度でもかまいませんので、必要項目ごとに、思いついたことをどんどん書きとめていきましょう。そして、書いたものを改めて見直し、何度も書き直して修正を加えていきます。その作業を繰り返して行くうちに、自分が本当にやりたいこと、あるいはやるべきことや、事業の成功可能性などが明確になってきます。自分の事業が本当に実現可能なものなのかを確認し、客観的に事業展開を検討するという意味でも、事業計画書の作成は大変重要です。

作成上の重要ポイントは何か

事業についての計画が固まったら、実際に事業計画書を作成してみましょう。事業計画書は自由に作成できますが、なぜこの事業が必要と考えたのか、事業を始める動機などの事業目的にはじまり、事業の内容、市場環境、販売・仕入・設備投資などの経営計画、資金の調達方法、損益・収支計画、人員規模や顧客ターゲットなど、事業の要素となるものを具体的に書いていきます。

このときに重要なのが「わかりや

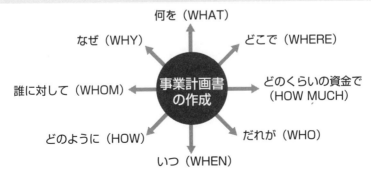

事業計画書のポイント

すく簡潔に」という点です。難解な専門用語やカタカナ表記の羅列はなるべく避け、異業種の人でも理解できるような用語や資料を使うようにするとよいでしょう。また、数値データは表やグラフを活用し、煩雑にならないように心がけましょう。

事業計画書は、前述した主要項目の内容に説得力があるかどうかによって、その可否が決まってきます。自分の事業の魅力を客観的に伝え、取引先や金融機関に対して取引や融資をお願いするためには、事業計画書に、自分の事業には、十分な収益性があり、将来有望であることが書かれている必要があります。ただ、現実的でない計画や楽観的な売上見込を含んだ計画では、相手方から不信感を抱かれてしまうので、具体的で根拠のある数値を記載するようにします。また、リスクへの対策方法を記載しておくのもよいでしょう。危機に陥った場合どのようにするかを考えているということで、リスク管理のできる経営者であることを印象づけることができます。商品・サービスのターゲット、市場へのアクセス方法や、他社と比較したときの優位性なども明らかにし、より精度の高い計画書を作成することで、事業への信用を高めることができます。

事業計画書は、開業に際してだけではなく、その後の事業が成功するかどうかの羅針盤にもなる大変重要なものです。自分自身にとって、そして第三者にとっても、意味のある事業計画書の作成を心がけましょう。

作成したプランを検証してみよう

事業計画書の作成には、マーケティングや経営、会計などの専門知識が必要になってきます。これらの基礎的知識は、書籍や短期セミナーでも十分学ぶことはできますし、自分の手に負えない細かい部分については専門家と相談しながら進めて行くのもよいでしょう。

完成した事業計画書は、自分自身でチェックするだけでなく、多くの人に見せて不備な点などを指摘してもらいましょう。その分野に詳しくない人から思いもよらないアドバイスが得られることもあります。第三者に見てもらっている最中に出てきた批判、意見についてはそのつど内容を十分検討してから修正作業を行うことにより、より完全な事業計画書に近づけていきましょう。

2 収支計画や資金繰り計画を怠らないようにする

資金繰り表の作成で黒字倒産を防止する

収支計画とはどんなものなのか

収支計画とは、収益および費用の計画と、その結果得られる利益についての計画のことです。事業活動によって入ってくるお金と出ていくお金を、事前に検討して、実際に事業を行うことで利益が得られるのかどうかをシュミレーションします。その結果、思ったように利益が出ない場合、事業計画自体を見直さなければならないことも出てきます。このように、収支計画の作成は、事業計画の中でも重要な位置づけを占める作業といえます。

収支計画の上手な立て方

立案にあたっては、まず初めに**収益**を見積もっていきます。売上については、公表されている資料や、自分の作成した事業計画書を参考に、想定客数、客単価、回転率、営業日数などの変数を具体的に設定し、1か月分の売上高の概算値を計算します。売上の見積もりにあたっては、自分の理想や根拠のない数値をあげることは避け、公表資料や近隣の同業者を参考に検討するようにします。

次に**費用**を見積もっていきます。費用の大部分を占めるのは**売上原価**ですが、これについては、売上高に原価率(売上高に占める原価の割合)を乗じて算定します。その他の費用には人件費、消耗品費、家賃、広告宣伝費などがあります。売上高から費用を差し引いたものが**予想利益**になります。開業当初の半年程度はまだ事業が軌道に乗らず、利益も上がらないことが多いので、そのことも考え、数年先まで視野に入れて立案しましょう。

資金繰りを甘く見てはいけない

資金繰りとは現金預金の出入りをチェックし、資金が不足して仕入れや人件費・諸経費の支払に困らないように管理することです。このような資金管理は誰でも日常生活で行っていることでしょう。しかし、事業資金の資金繰りとなるとなかなかうまく行かないことが多いものです。

特に独立当初は多くの場合、売上の回収ができていないにもかかわらず支払いが起きるため、資金繰りが苦しい時期となります。

最悪の場合には黒字倒産もある

「勘定合って銭足らず」という言葉を耳にしたことがあるという人も多いと思われますが、これはいわゆる**黒字倒産**という状況を表現したものです。具体的に言うと、帳簿では黒字となっているものの、売掛金などの資金を回収するために時間がかかり、運転資金が集まらず、倒産してしまうことです。黒字倒産は、売上や仕入、経費の計上時期と、実際の現金の入出金の時期のズレによって生じる現象です。いくら売上があっても、掛けで売った場合や現金の代わりに手形を受けとると、現金は増加しません。そのような状況で、現金での仕入や、従業員に給料を払うとなると倒産することになります。逆にいえば、資金繰りがうまくできていれば、赤字でも事業を経営していくことができます。

ここで重要になってくるのが**資金計画**です。経営者は、常に資金繰りに対して気を配っておく必要があります。そこでお勧めするのが**資金繰り表**の作成です。資金繰り表では、実際の現金の入りと出を把握・管理します。1か月だけではなく、半年・1年と先々の計画をしていけば、支払う直前になって「お金が足りない」などという状況を未然に防ぐことが可能になります。

資金繰り計画のポイント

収入	支出	金融収支
現金売上 売掛金入金 受取手形取立 その他の収入	現金仕入 買掛金支払 支払手形 人件費 その他の支出	借入元金返済 利息返済 借入金入金

 収支を明らかにすることで、手元の現金額や過不足の原因を把握し経営に役立てる

3 個人ではじめるのと会社を設立するのではどちらが得なのか

先入観にとらわれず自分の状況に合った選択をする

会社か個人事業か

　会社とは、営利を目的とする団体で、法律によって独立した権利義務の主体として認められたものです。会社に関する規定は、会社法で定められています。会社法は、会社を株式会社と持分会社（合名会社、合資会社、合同会社）に分けて規定していますが、独立開業する場合に合名会社や合資会社を設立するケースはほとんどありません。

　「株式会社には多額の資本金が必要である」というイメージがあります。しかし、資本金の最低額がなくなった現在、そのイメージは必ずしも正しくありません。

　また、株式会社にすれば会社の借金が個人財産に及ばない、というイメージもあるかもしれません。

　しかし、中小企業では借入の際に経営者が連帯保証人になったり経営者の個人財産を担保として提供することを銀行から求められることが多いのが現実です。これらのような先入観にとらわれず、それぞれの形態のメリットを冷静に見極め、自分の状況にあった選択をしましょう。

個人事業のメリット

　個人事業の開業には、以下にあげるようなメリットがあります。

① 開業の手続きが簡単

　株式会社を設立する場合、税務署等への届出書を提出する前に会社の設立登記のため法務局に登記申請書類を提出し、審査を受ける必要があります。そのためには会社法で決められている手続きが必要になりますが、「定款」「払込証明書」「就任承諾書」などの専門的な書類を作成し、「定款」については公証役場で認証を受ける必要があります。これらの手続きには税金や認証手数料等に約25万円程度かかります。専門家に手続きを依頼すればさらに報酬を支払うことになります。

　一方、個人が開業する場合、株式会社のような登記は必要ありません。本人のみで開業するときは税務署に「個人事業の開廃業等届出書」

（23ページ）、都道府県の税事務所と市区町村役場に「事業開始等申告書」（24ページ）を提出するだけです。また、これらの書類の提出には税金や手数料などの費用はかかりません。

② 開業後の手続きが簡単

株式会社の場合、厳密な方法である「複式簿記」による経理が要求されていますが、個人事業の場合はより簡単な方法を選択することができます。また、株式会社の場合、役員の任期満了時や重要な事項を決定する場合には株主総会等の決議が必要になります（議事録の作成が必要になり、役員についてはさらに登記が必要です）が、個人事業の場合には必要ありません。

③ 小規模な場合、コスト面で有利

株式会社の場合、赤字であっても毎年支払う必要がある住民税の均等割は7万円（資本金の額が1000万円以下、かつ50人以下の場合）ですが、個人事業の場合は4000円です。

また、個人事業の場合、税務署に青色申告申請すると青色申告特別控除額（10万円または65万円）が認められる部分には税金がかかりませんが、株式会社が青色申告を申請してもそのような控除はありません。

社会保険（健康保険、厚生年金）についても株式会社は社会保険の加入が強制されるので会社が従業員の社会保険料の半額を負担します。

一方、一定の小規模な個人事業では従業員の社会保険の加入が強制されないので、経営者が従業員の社会保険料の半額を負担することはありません（各自が国民健康保険、国民年金に加入します）。

株式会社のメリット

株式会社を設立することには以下のようなメリットがあります。

① 利益・利潤の幅が大きい

個人事業の場合には生計維持性が強いのに対して、会社の目的は利益・利潤を生みだすことにあります。

② 組織力がある

個人事業とは異なり、会社は、出資者が集まって共同で事業を行います。個人事業にはない組織力・組織性をもっています。

③ 社会的信用が高い

取引先（特に大企業）によっては、その会社の内部ルールで個人事業者への商品の販売や仕事の発注を制限している会社があります。そのような会社と取引するためには株式会社を設立する必要があります。また、従業員を雇用するときや銀行、リー

ス会社と取引する場合においても一般的には株式会社の方が信用されやすい傾向があります。

④ **資金を集めやすい**

利益がでれば、会社の場合は出資金に対する配当があります。そのため資金協力が得やすく、結果として多くの人から資金を集めやすいのが特徴です。また、対外的な信用もあるため、金融機関からの融資も受けやすくなります。

⑤ **出資の範囲内で責任を負う**

個人事業の場合、事業主は取引相手（債権者）に対して無限の責任を負います。会社の場合には、合名会社の社員（従業員ではなく、出資者のこと）と合資会社の一部の社員を除いて、社員の責任には限度があります。株式会社の場合、株主は、出資した額以外に債権者に対して責任を負うことはありません。

⑥ **清算手段をとらない限り続く**

個人事業の場合、事業主の死亡などの事情により自然に消滅してしまいます。会社の場合には、届出をして代わりの人が代表者になりますから、会社の業績などの事情により清算手続きをとらない限り、法的には永続する可能性もあるわけです。

⑦ **大規模な場合、税金面で有利**

個人事業の場合、所得が高くなるほど税率も高くなりますが、株式会

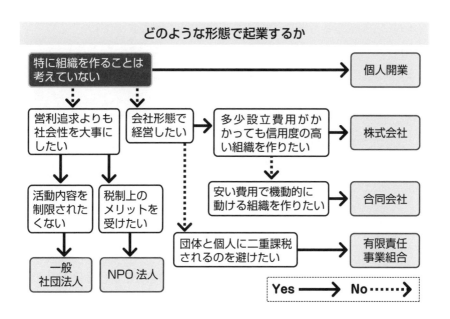

どのような形態で起業するか

社の場合は基本的に税率は一定です。

また、個人事業の場合、税務署に青色申告申請しても過去の赤字を3年間しか繰り越せませんが、株式会社の場合には9年間（平成29年4月以後に開始する事業年度からは10年間）繰り越せます。そのため、開業費用が多額な場合、一般的には株式会社の方が有利です。さらに、個人事業の場合、経営者自身の給料を経費にすることはできません。家族従業員の給料についても税務署に事前に届出書等を提出しなければ経費にできませんが、株式会社の場合は一定の条件を満たせば経費にすることができます。

⑧ **厚生年金に加入できる**

小規模な個人事業の場合、事業主は国民年金に加入することになりますが、株式会社の経営者は、基本的に国民年金よりも保障の手厚い厚生年金に加入することができます。

⑨ **交際費や経費の処理が違う**

会社などの法人の場合、必要経費の損金算入が個人事業と比べると計上しやすいというメリットがあります。必要経費の例としては、売上に要した諸費用、役員報酬その他、従業員の給与、販売費および一般管理費、借入金返済のための支払利息などがあります。

どんな選択をするのがよいのか

すぐに起業したい場合には、個人事業主として始めるのが一番早いでしょう。ただ、開業当初から十分な売上を見込める得意先を確保しており事業拡大に自信がある場合やその得意先が個人事業者と取引しない方針であれば当初から株式会社での開業を検討すべきです。また、設立手続きの手間を少なくしたい場合には、合同会社（出資者が全員有限責任だけを負う持分会社のこと）の形態で設立するという選択肢もあります。合同会社の場合、株式会社と異なり定款の認証を受ける必要もなく、組織としての制約も少ないというメリットがあります。

なお、有限責任事業組合や一般社団法人、NPO法人といった組織で開業する方法もあります。一般社団法人とは、社団法人（2名以上の構成員が集まって作る法人格が付与された団体）の一種で、営利を目的としない法人のことです。NPO法人とは、社会貢献などを目的として活動する団体で、都道府県知事などの認証を受け、法人格を得た団体のことです。

4 個人事業で開業するときの届出について知っておこう

従業員を雇った場合の手続きには注意する

税金関係の届出書類の種類

個人で開業する場合の手続きは、法人と比較すると比較的簡単です。

① 個人事業の開廃業等届出書（23ページ）

新たに事業開始する場合、国や自治体に事業を始めることを知らせるために、「個人事業の開廃業等届出書」を提出する必要があります。

② 給与支払事務所等の開設届出書

国内において給与等の支払い事務を取り扱う事務所等を新たに開設した場合、事業者は「給与支払事務所等の開設届出書」を提出しなければなりません（所得税法230条）。事務所を開設した時から1か月以内に提出することになります。

③ 源泉所得税の納期の特例の承認に関する申請書

源泉徴収（従業員の税金を給料から天引きして納めること）した所得税は、基本的にその徴収の日の属する月の翌月10日までに、つまり毎月国に納付しなければなりません。

しかし、給与の支給人員が常時9人以下の場合には、特例で、半年分をまとめて納付する方法が認められています。この特例を受けようとする場合には「源泉徴収の納期の特例の承認に関する申請書」を提出します。

④ 所得税の青色申告承認申請書

青色申告を行う場合に必要です。

⑤ 青色事業専従者給与に関する届出書

家族従業員を雇った場合に提出します。節税対策として、身内にも給与を払うようにするとその分経費として、事業主の所得から控除できます。

⑥ 所得税のたな卸資産の評価方法・減価償却資産の償却方法の届出書・納期の特例適用者に係る納期限の特例に関する届出書

必要に応じて提出します。

⑦ 事業開始等申告書（24ページ）

個人事業を開業した場合には個人事業税などの支払いが必要になるため、個人事業を開始したことを地方自治体に申告します。東京都23区の場合、事業所を設けた日から15日以内に、都税事務所に「事業開始等申

告書」を提出します。

労働保険の届出

　会社を設立した場合と同様に、個人事業でも従業員を1人でも雇用する場合には、労働保険関係の届出をする義務があります。

　労働保険の手続きについては労災保険と雇用保険の手続きを分けて行う二元適用事業と、労災保険と雇用保険を一つの労働保険の保険関係として取り扱う一元適用事業で手続きが異なります。二元適用事業は建設の事業や農林水産業など一部の事業に限られており、開業を検討するような事業はほとんどの場合、一元適用事業になります。

　一元適用事業の場合、まず、労働基準監督署に「労働保険関係成立届」「適用事業報告」「労働保険概算保険料申告書」の届出をします。「労働保険関係成立届」は最初の従業員を雇用した日から10日以内、「労働保険概算保険料申告書」は保険関係が成立した日から50日以内に提出することになります。次に、ハローワーク（公共職業安定所）に「雇用保険適用事業所設置届」「雇用保険被保険者資格取得届」を提出します。

　雇用保険適用事業所設置届の提出期限は従業員雇用の日の翌日から10日以内となります。

社会保険の手続き

　個人開業の場合、1人で事業を展開するケースも多くありますが、従業員を5人以上雇い入れた場合には、社会保険の強制適用事業所として扱われるため、社会保険への加入手続きが必要です。ただし、5人未満でも任意に加入することで適用事業所になることはできます。申請書類は「新規適用届」「被保険者資格取得届」「健康保険被扶養者届」（被扶養者がいる場合）などで、これらの書類は最寄りの年金事務所で入手することが可能です。提出期限は社会保険の適用事業所になってから原則5日以内に提出する必要があります。

消費税について

　消費税は、国内で物を購入する、借りる、サービスの提供を受けるという行為（消費行為）について担税力（税を負担する能力のこと）を求めて課税する税金です。ただし、事業者のうち、その課税期間の基準期間（その年の前々年のこと）における課税売上高が1000万円以下である事業者については、その課税期間の

消費税の申告・納税は免除されます。新設の個人事業者は、当初2年間は、基準期間における課税売上高がないため、免税事業者になります。

所得税の青色申告とは何か

青色申告とは、所定の帳簿を備えつけて日々の取引を記録するとともに、自ら所得を正しく計算して申告する人は、青色の申告書により申告することができる制度です。わが国の所得税は、納税者が、自らの計算によって税務書類を作成し、申告・納税するという申告納税制度を採用しています。この申告納税制度が円滑に機能していくためには、納税者が継続的に正しい記帳を行って自らの課税所得を計算し、自発的に納税を行うことが必要になります。そこで、自主的な正しい申告を促進するために、一定の帳簿を備えつけ、正確な記帳を行っている納税者には、所得計算などにおいて、様々なメリットが与えられています。このような制度を青色申告制度といいます。

青色申告は個人開業した場合だけでなく、株式会社などの会社を設立した場合にも利用することができます。

個人開業する者が青色申告をする場合には、「所得税の青色申告承認

個人が新たに事業をはじめた時の申告所得税についての届出

税目	届出書	内容	提出期限
申告所得税	個人事業の開廃業等届出書	事業の開廃業や事務所等の移転があった場合	事業開始等の日から1か月以内
	所得税の青色申告承認申請書	青色申告の承認を受ける場合（青色申告の場合には各種の特典がある）	承認を受けようとする年の3月15日まで（その年の1月16日以後に開業した場合には、開業の日から2か月以内）
	青色事業専従者給与に関する届出書	青色事業専従者給与を必要経費に算入する場合	青色事業専従者給与額を必要経費に算入しようとする年の3月15日まで（その年の1月16日以後開業した場合や新たに事業専従者を使いだした場合には、その日から2か月以内）
	所得税のたな卸資産の評価方法・減価償却資産の償却方法の届出書	たな卸資産の評価方法及び減価償却資産の償却方法を選定する場合	開業した日の属する年分の確定申告期限まで

申請書」を提出します。

どんなメリットがあるのか

個人開業する者が青色申告をした場合には、おもに以下のような種々の特典が認められています。

① **青色事業専従者給与**

専従者給与を必要経費として処理できます。専従者給与とは、妻や子供が仕事を手伝い事業に従事している場合の給与のことです。なお青色事業専従者給与額を必要経費に算入して処理する場合には、「青色事業専従者給与に関する届出書」を提出することが必要です。

② **純損失の繰越控除や繰り戻し**

純損失の繰越控除とは、損失を赤字の出た年の翌年から3年間（会社の場合は9年間、17ページ）に渡って繰越で控除すると言うことです。これは翌年以降に黒字化した場合の節税対策として大きなメリットになります。

純損失の繰り戻しとは、その年にでた損失は、確定申告書と共に所定の還付請求書を提出すれば前年分の税額の一部または全額の還付が受けられると言うものです。これは翌年以降に赤字が見込まれる場合に力を発揮します。

③ **青色申告特別控除**

特別控除所得計算上、65万円、10万円の特別控除額を控除できます。

具体的に何をすればよいのか

青色申告者となるには、複式簿記による帳簿書類、または簡易帳簿を作成することが条件（義務）になります。複式簿記による記帳であれば、65万円の所得税の控除（青色申告特別控除）が受けられます（簡易帳簿なら10万円の控除のみ）。帳簿をつけるのであれば、今後の事業の発展も考慮し、簡易帳簿ではなく複式簿記による記帳を選んでおいた方がベターです。

「青色申告承認申請書」は、原則として青色申告を始める年の3月15日までに納税地の所轄税務署に提出しなければなりません。この手続きは青色申告を始める年に行う必要がありますが、その年以降については途中で承認の取消や、取りやめの手続きなどを行わない限り次年以降も引き続き青色申告者として扱われます。

新規開業の場合、1月1日から1月15日までに開業した場合はその年の3月15日まで、1月16日以降に開業した場合は開業日から2か月以内に提出します。

書式　個人事業の開廃業等届出書

税務署受付印　　　　　　　　　　　　　　　　　　　　　　　　　　　1 0 4 0

個人事業の⊚開業・~~廃業~~等届出書

___大田___税務署長

27年 4月 6日提出

納　税　地	住所地・居所地・⊚事業所等（該当するものを○で囲んでください。） 東京都大田区田園調布東２－５－１ （TEL 03 - 3732 - 1098）
上記以外の住所地・事業所等	納税地以外に住所地・事業所等がある場合は記載します。 （TEL　-　-　）
フリガナ	ニシグチ　ユキオ
氏　名	西口　幸雄　㊞
生年月日	大正・昭和・平成　38年 3月 1日生
職　業	不動産業
フリガナ	コウフクホーム
屋　号	幸福ホーム

個人事業の開廃業等について次のとおり届けます。

届出の区分 （該当する文字を○で囲んでください。）	⊚開業（事業の引継ぎを受けた場合は、受けた先の住所・氏名を記載します。） 住所　東京都大田区田園調布東２－５－１　氏名　西口 幸雄 事務所・事業所の（新設・増設・移転・廃止） 廃業（事由） （事業の引継ぎ（譲渡）による場合は、引き継いだ（譲渡した）先の住所・氏名を記載します。） 住所　　　　　　　　　　　　　　　氏名
開業・廃業等日	開業や廃業、事務所・事業所の新増設等のあった日　平成27年 4月 1日
事業所等を新増設、移転、廃止した場合	新増設、移転後の所在地　　　　　（電話） 移転・廃止前の所在地
廃業の事由が法人の設立に伴うものである場合	設立法人名　　　　　　　　代表者名 法人納税地　　　　　　　　　　　　設立登記　平成　年　月　日
開業・廃業に伴う届出書の提出の有無	「青色申告承認申請書」又は「青色申告の取りやめ届出書」　⊚有・無 消費税に関する「課税事業者選択届出書」又は「事業廃止届出書」　有・⊚無
事業の概要 （できるだけ具体的に記載します。）	賃貸不動産の仲介

給与等の支払の状況	区分	従事員数	給与の定め方	税額の有無	その他参考事項
	専従者	1人	月給	⊚有・無	
	使用人	1	日給	⊚有・無	
	計			有・無	

源泉所得税の納期の特例の承認に関する申請書の提出の有無	⊚有・無	給与支払を開始する年月日　平成27年 4月24日

関与税理士 （TEL　-　-　）	税整 務理 署欄	整理番号	関係部門連絡	A	B	C	D	E

源泉用紙交付　　通信日付印の年月日　　確認印
　　　　　　　　　　年　月　日

書式　事業開始等申告書

第32号様式(甲)(条例第26条関係)

受付印

事業開始等申告書（個人事業税）

		新（変更後）	旧（変更前）
事務所（事業所）	所在地	東京都大田区田園調布東2-5-1　電話　03（3732）1098	電話　　（　　）
	名称・屋号	幸福ホーム	
	事業の種類	不動産業	

事業主住所が事務所（事業所）所在地と同じ場合は、下欄に「同上」と記載する。
なお、異なる場合で、事務所（事業所）所在地を所得税の納税地とする旨の書類を税務署長に提出する場合は、事務所（事業所）所在地欄に○印を付する。

事業主	住所	東京都大田区田園調布東2-1-1　電話　03（3732）7654	電話　　（　　）
	フリガナ	ニシグチ　ユキオ	
	氏名	西口　幸雄	

開始・廃止・変更等の年月日	平成27年　4月　1日	事由等	開始・廃止・※法人設立　その他（　　）
※法人設立	所在地		法人名称
	法人設立年月日	年　　月　　日（既設・予定）	電話番号

東京都都税条例第26条の規定に基づき、上記のとおり申告します。

　　　　　　　　　　　　　　　平成27年　4月　6日

　　　　　　　　　　　　氏名　西口　幸雄　㊞

大田　都税事務所長　殿
　　　支庁長

（日本工業規格A列4番）

備考　この様式は、個人の事業税の納税義務者が条例第26条に規定する申告をする場合に用いること。

都・個

5 オフィスや店舗は必要なのか

最初は小さい規模から始めるのがベター

■事務所は本当に必要なのか

　事業を立ち上げるとき、まず考えることの1つに、「事務所や店舗をどこに置くか」ということがあります。事務所や店舗を置く場所によって来客の数はかなり変わってきますし、広さや使い勝手によって仕事の効率が違うなど、重要なポイントになります。しかし、少しよい場所を確保しようと思うと、どうしても多額の費用が必要になります。事業立ち上げの当初は何かとお金が必要になりますから、できるだけ手元に運転資金を残しておきたいところです。この事を考慮すると、はじめから無理をするよりも、まずは事務所や店舗を置かなくても事業をやっていくことができないかどうかを検討してみるべきでしょう。

■最初はSOHOで十分な場合もある

　事業立ち上げ当初の事務所形態として適しているものの1つに、SOHO（スモールオフィス・ホームオフィス）があります。自宅の一室を事務所として使用したり、ビルの一室をパーテーションなどでいくつかに区切り、机と電話、パソコンを置いた小さなオフィスを作って他の事業主と共同で使うといった形で小規模に事業を行うことをいいます。この形であれば事務所や店舗を借りる際に必要な敷金や保証金、家賃、水道光熱費といった費用をかなり抑えることができます。事業の規模にもよりますが、遠隔地との会議や書類のやりとり、商品の受発注など、インターネット上でさまざまなことができる現在のIT環境を活用すれば、最初はSOHOからスタートしても、十分間に合うでしょう。

■ネット通販で展開する方法もある

　インターネット上にホームページを作成し、販売する商品の写真を掲載するなどして宣伝から受注までを行うネット通販は、家事や育児、介護などの事情で自宅をあけにくい主婦や会社員の兼業でも事業を始めることができるという手軽さから、

爆発的に店舗数が増加しています。ネット通販であれば、極端に言えばパソコン1台で事業を展開することも可能ですから、事務所や店舗の経費をかけることなく、低コストで始められます。業種としても、食品から衣料品、リサイクル品、ブランド物、電化製品などといった商品の販売はもちろん、講座やコンサルティングなどの無形のサービス提供まで、幅広く取り扱うことができます。

ただ、ネット通販も利点ばかりではありません。事業として売上を上げていくためには、できるだけ多くの人にホームページにアクセスしてもらう必要があるわけですが、手軽に開業できる分、同業者は無数にいます。その中からいかに自分のホームページを選んでもらうかというところに工夫が必要になります。価格競争という面で言うと、大手企業にはなかなか太刀打ちできませんし、ただ漫然と商品を紹介しているだけでは顧客は増えません。よい商品であるということを上手にアピールすることはもちろんですが、検索エンジンなどが開いているマーケットに登録したり、購入者に商品に対するレビューを書いてもらう欄を設けるなどの工夫も重要になります。

また、ネットでの事業展開にあたっては各種法律上の規制について注意が必要です。特に特定商取引法では通信販売を行う際の広告について、販売価格や支払時期、返品の可否、事業者の名称・住所など、一定の事項について明示することが義務付けているため、表示にミスがないようにしなければなりません。

なお、ネット通販とはいえ商品の在庫を確保しておくことは必要です。特に食品などを扱う場合、冷蔵庫などの設備も必要になりますし、取り扱い量が増えれば自宅では対応しきれなくなります。安全面なども考えると、事務所は自宅に置き、倉庫だけは借りるなどの方法も検討する必要があるでしょう。

事業内容や規模を考えて借りる

最初から数人の従業員が勤務して事業を行う場合や、ある程度事業が拡大してきた場合などには、やはり事務所や店舗が必要になります。そのような場合でも、事務所・店舗選びは慎重に行いましょう。

いったん事務所や店舗を開くと、少々気に入らないからといって簡単に移転することはできません。開設にはかなりの資金を投入することに

なりますし、移転先に入居する際にも新たに経費がかかるからです。さらに、案内状や名刺、ホームページなどで顧客や取引先に知らせた所在地を、再度連絡し直さなくてはならないといった問題も出てきます。

このようなことを考えると、単に立地や間取りが気に入ったからといって安易に決めるようなことはせず、まずはどの程度の予算を準備することができるのか、事業を行う上でどうしても譲れないポイントは何かといったことを検討した上で探す必要があるでしょう。事務所や店舗を借りる場合の当初費用としては、敷金・保証金、礼金、仲介手数料、内装・外装工事費、備品の仕入費用が必要になります。

また、予算を検討する際には、単にこれらの費用を準備できるかどうかということだけでなく、数か月分の運転資金を確保した上で、当初費用に充てられるのはどの程度の額なのかを考慮する必要があります。

予算がある程度決まったら、具体的な候補地選びを始めましょう。店舗や事務所を選ぶ際には、事業の内容に照らし合わせて、立地条件、物件の条件、手数料の相場をチェックします。予算や事務所の候補地を検討する際には、下図の点について十分に検討しておくべきでしょう。

店舗を借りる際の費用と候補地選びのポイント

費用	敷金・保証金	家賃の滞納などに備えて担保として支払う金銭で、解約時に修繕費などを差し引いて返還される。事務所や店舗の場合、家賃の6か月以上など高額になることも多い
	礼金	貸主にお礼として支払うもので、返金されない
	仲介手数料	不動産業者に支払う手数料
	内装・外装工事費	業種にもよるが、それなりの金額がかかることもある
	備品の仕入費用	事務用品などの仕入費用
候補地の選択	立地条件	交通の便、周辺環境(オフィス街か住宅街か、人通りなど)、取引先とのアクセス、近隣住民・業者の雰囲気など
	物件の条件	家賃、共益費などの経費の額、位置(角地か、ビルの何階か、入り口の方角はどこかなど)、面積・間口の広さ、間取り、電気配線、電話回線、ガス・給水等の設備、エレベーターや駐車場の有無、日当たり、清潔感など
	家賃、仲介手数料などの相場	月々の家賃や保証金、手数料、共益費、水道光熱費などの経費の金額が売上予想と比較して過大ではないかの検討

第1章 開業計画を立てる

6 設備投資の計画を立てる

事前に計画を立て、事業規模に合った設備投資を心がける

過剰な設備投資は禁物

新規事業開業にあたっては、**設備投資**が必要になります。設備投資は、事業の持続的成長のためには必要不可欠なものですが、設備投資には多額の資金が必要になります。資金の回収にはかなりの時間が必要なため、過剰な設備投資を行うと、資金が不足することになります。そして、資金回収が予定通り行かなかった場合には、事業の存続の可否にも影響を与えてしまいます。設備投資にあたっては、本当に事業にとって必要なものであるかどうかを考慮する必要があります。自分の事業の規模に見合った適切な設備投資を心がけることが重要です。

まず購入リストを作成しましょう。必要と思われる項目を具体的に書き出してみて、その上で本当に必要なものかどうかを検討するようにすると、ムダな出費が避けられます。

中古品も積極的に活用

開業後の運転資金を少しでも多く確保するためには、事務所や店舗に導入する備品などの購入にかかる費用をいかに抑えるかがポイントになってきます。新品である必要のない備品類についてはリサイクルショップなどで中古品を購入することで、少しでも初期費用を抑えることが可能になります。

中古品には、費用が安く済む他に、新品資産よりも早く減価償却を行うことが可能な点や、節税が可能となるといったメリットがあります。

ただ、中古品のデメリットとして、見た目的には新品同様の状態だとしても、やはり誰かが使った後のお古にすぎないため、老朽化による故障の可能性は新品より高いということは頭に入れておきましょう。

また、保証期間が新品のものよりも短いか、あるいは全くない場合もありますので、故障した場合には自らの手で修理する必要が出てきます。中古品に過度の期待は抱かないように気をつけましょう。

中古品の購入ではなく、備品など

を安く購入することができる方法として、店舗の備品などを大量に一括購入している業者から購入する方法が考えられます。この方法であれば、個人的に業者と価格交渉するよりも安く購入することができる上、新品を購入するため、中古品購入によるデメリットも解消できます。

いずれの場合にしても、備品類の購入費用を最小限に抑え、運転資金を確保するために、最大限の努力を惜しまないようにしましょう。

リース取引のしくみ

リースとは、リース会社が企業に対して設備調達の一手段として、企業の希望する機械・設備等の物件を購入し、長期間賃貸する取引です。借主を特定の相手とする点で、レンタル（短期の賃貸）と区別されます。

リース取引の流れは以下のようになります。登場人物は、企業（ユーザー）、リース会社、物件の購入先（メーカー）です。

① 物件の選定

まずはユーザーとメーカーで、物件の銘柄・機種・仕様・価格・納期などを相談し、リース物件を決定します。

② リース申込、審査

物件が決定した後にリース会社に会社資料と財務資料を添えてリース契約を申し込み、審査を受けます。

③ リース契約の締結

審査に通った後に、リース会社とリース契約を交わします。

④ リース物件の発注

リース会社がメーカーと売買契約を結び、物件を発注します。

⑤ 物件の納入、リースの開始

メーカーからユーザーにリース物件が納入されます。物件の検収が済

リース取引の流れ

リース物件の選択 ▶ リース会社の選択 ▶ リース物件の選定 ▶ リースの申込 ▶ リースの審査 ▶ リース契約締結 ▶ リース物件の納入 ▶ リースの開始 ▶ リース料の支払

みしだい、リース物件受領書を提出し、リースが開始されます。

⑥ **リース料の支払**

リース開始と同時に、ユーザーはリース会社にリース満了期間に渡って一定のリース料を毎月支払っていくことになります。

どんなメリットがあるのか

以下のような点があげられます。

① **資金を効率よく運用できる**

機械設備等を設置導入する場合、多額の資金が固定化されます。しかし、リースを利用すると、月々一定のリース料で済み、その余裕資金を他の緊急な資金利用、有利な投資や研究・開発に振り向けることができ、大切な資金を運転資金に効率よく活用できます。

② **機械設備の陳腐化が避けられる**

技術革新の激しい現代においては、法定耐用年数と実質耐用年数が乖離しており、導入した機械設備が陳腐化してしまう可能性があります。リース期間を実質耐用年数に合わせて設定することによって、常に最新の機種が導入でき、技術革新のテンポに追いつくことができます。

③ **経費として処理できる**

毎月のリース料は、経費処理することができます。また、リース料は月々一定ですから設備投資のコストが正確に認識できます。したがって、設備の有効利用や業績の把握、事業計画の立案などが容易になります。

④ **事務の省力化が図れる**

購入の際の資金調達、所有に伴う資産の記帳事務、固定資産税の申告・納付、保険の契約・支払い、資産の売却・廃棄などの煩わしい事務も、リースであれば大幅に軽減できる上、それに伴う事務経費も節約できます。

このようにメリットの多いリース取引ですが、分割払い契約を結ぶことになりますので最終的な支払総額は、購入した場合より高くなることもあるという点は頭に入れておくようにして下さい。

リース取引のデメリット

リース取引には、契約期間中は契約解除が不可能なこと、リース料として支払う金額は実際に購入した金額よりも高いというデメリットがあります。レンタルで契約した方が経費を抑えることができるケースもあるため、使用頻度が低いものをレンタルで、よく使用するものについてリースを利用するなど、その備品に応じて選択するとよいでしょう。

7 フランチャイズ契約とはどんなものなのか

メリットとデメリットの両方をよく理解しておくこと

FCとは何か

街を歩いていると、様々な看板が目に入ります。そして、その中には、全国的または地域的に同じようなものが多く存在しています。店舗としてはすべてが本店直轄の支店ということもありますが、実際のところ、財産的・経営的には独立したものであることがよくあります。つまり、本部から顧客の信用の基になる商標の使用が許され、原材料の仕入、経営のノウハウなどを提供される代わりに、一定の加盟料やロイヤリティを支払うという経営形態を採っているのです。

このような経営形態を**フランチャイズチェーンシステム**（FC）といいます。そして、このシステムの中心となり、各加盟店を組織し統括している本部のことを「フランチャイザー」、加盟店側を「フランチャイジー」と呼んでいます。フランチャイザーとフランチャイジーは、通常の会社組織内における本店・支店という関係ではなく、相互に独立した経営主体であり、採算も独立しています。両者は、FCシステムを内容とするフランチャイズ契約を締結することによって結ばれる契約関係にあるのです。

独立して開業したいと望んでいる人の最大の悩みは、経営者としての経験のなさとノウハウがないことです。「店舗にできる土地建物はもっている。しかし、やりたい事業のノウハウがない。仕入先をどのように確保したらよいのか。危機管理がわからない」。このような悩みを解消してくれるシステムが、このFCシステムです。

また、フランチャイザー側にしても、新規の支店を開設する多額の資金を用意することなく、しかもリスクを最小限にしつつ、自己の培った商標に対する信用とノウハウを活かして収益を挙げることができるので、このFCシステムは魅力的です。

近年、このシステムの普及は目覚しいものがあります。FCシステムがよく知られているのが、コンビニ

エンスストアです。また、お弁当屋さん、ラーメン屋さん、ハンバーガーショップといったファーストフード業界、ファミリーレストラン、洋菓子店、喫茶店、居酒屋といった飲食業や、他にも、医薬品販売、化粧品販売、学習塾など、幅広く利用されています。

独立開業にあたっては、FCシステムを利用してみるのも、1つの有効な選択肢といえます。

フランチャイズのメリット

FCシステムには様々なメリットがありますが、おもなものは次のようなものです。
① ノウハウがなくても短期間で開業が可能になる
② 宣伝効果と信用が一挙に手に入る
③ 少ない資金で始められる
④ 開業後の労力が削減できる

フランチャイズのデメリット

前述したようなメリットの裏返しとでもいえるデメリットがあります。
① **自由が制限される**

FCシステムに加盟することによって、独自性・創造性ある事業展開は制限されます。つまり、自分で新商品を開発しても自由に販売することはできません。より安い仕入先を見つけても、指定された仕入先以外から仕入れることはFC契約違反になります。経営の才覚が出てきた場合には、かえって手足を縛られることになるわけです。

② **フランチャイザーの力次第**

フランチャイザーに力があればよいのですが、商品開発力の点でライバルのFCシステムなどより劣っていたり、信用を損なう事件が起こったりすると、それがそのまま跳ね返ってきます。自分自身の責任がないことであっても、顧客を失ってしまうこともあります。

③ **事業譲渡などが制限される**

事業のノウハウを覚えて、その後に独自に開業したいと望んでも、フランチャイジーとしての事業を譲渡し、同じ種類の事業を始めることがFC契約上制限されていることが多いようです。「いずれは完全独立をしたい」と考えている人は、契約の時点で十分な注意が必要です。

④ **悪質なフランチャイザーもいる**

加盟してくれたフランチャイジーとともに事業を拡張していくという姿勢があるフランチャイザーであればよいのですが、フランチャイジーを犠牲にして儲けようとする悪質な

フランチャイザーもいます。加盟料を取るだけ取って、後のサポートがいい加減なところがあり、トラブルになるケースもあります。契約の前によく調査をしておくべきでしょう。

フランチャイズの選び方

FC契約は、その営業について、フランチャイジーをかなり広範に拘束します。そのため、一度契約してしまうと、後戻りにはかなりの損失をともないます。後悔しないように、慎重にFCを選択しましょう。選択の際には、以下の点に特に注意を払うべきです。

① 業界展望を確認する

その業界そのものが、どのような傾向にあるのかを確認します。成長過程にあるのか、安定過程なのか、これからどのようになっていくのか調べる必要があります。そして、その業界の中で、各フランチャイズチェーンがどのような位置にいるのかに注意します。

② フランチャイザーの調査をする

本部がどのような体制なのか、トップはどのような人物なのか、フランチャイジーとトラブルはないか、といった点をチェックします。実際に、本部を訪れることはもちろん、他のフランチャイジーの話を聞くことも必要です。工場がある場合には、見学はしておくべきでしょう。

③ 契約内容を確認する

FC契約はドライな契約関係です。契約締結前に契約内容を確認しておくことは必要不可欠です。

ポイントは、フランチャイザーの

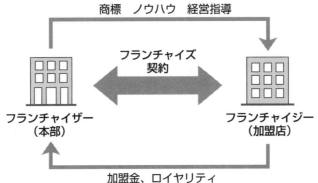

フランチャイズのしくみ

サポート内容、フランチャイジーとしての義務の内容・程度、加盟料やロイヤリティが明確で納得できるものかといった点です。解釈上疑問がある場合には、遠慮なく確認しましょう。

なお、フランチャイズへの加盟までの流れは下図のようになります。

トラブルにはどんなものがあるのか

このようなFC契約ですが、トラブルが生じることも事実です。原因がフランチャイザーの経営の不健全性にあることもありますが、独立開業を急ぐあまり甘い見通しを立てるフランチャイジー側に問題がある場合もあります。おもな契約上のトラブルとしては、以下のようなものがあります。

・研修・サポートが履行されない
・フランチャイザーに提示された売上げ見込みが異なった
・後からさらに研修費などを請求された
・契約に至らなかったのに加盟料を返還しない
・仕入が滞る

契約書にサインするときの注意点

トラブルを避けるために、契約書にサインするときは、以下の点に十分注意を払うようにしましょう。

① 研修などのサポートがどのように、どの程度行われるのか
② 加盟料やロイヤリティは明確になっているか
③ フランチャイジー側にどのような義務が課せられているか

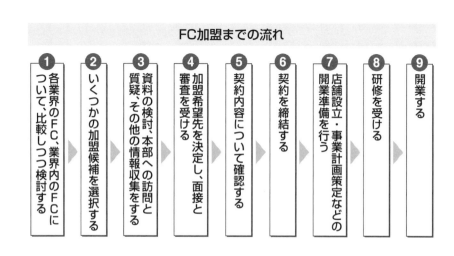

FC加盟までの流れ

❶ 各業界のFC、業界内のFCについて、比較しつつ検討する
❷ いくつかの加盟候補を選択する
❸ 資料の検討、本部への訪問と質疑、その他の情報収集をする
❹ 加盟希望先を決定し、面接と審査を受ける
❺ 契約内容について確認する
❻ 契約を締結する
❼ 店舗設立・事業計画策定などの開業準備を行う
❽ 研修を受ける
❾ 開業する

8 許認可申請をするにはどうしたらよいのか

開業する事業が許認可の対象となっているかどうかは重要事項

許認可とはどんな制度なのか

　何かを始めるときに、国または地方自治体といった行政の許認可を得ることが必要な場合があります。

　許認可については、法律で規定されています。各種の法律ごとに規制対象となる業種が定義され、その開業に必要な許認可が定められているのです。そして、多くの場合、許認可を得ないままその業種を営業すると刑事上の罰である懲役・罰金や行政上の罰である過料に処せられてしまうことになります。

　許認可とは、許可と認可を一緒に表現した言葉です。また、これら以外にも、行政上の手法として、届出、登録、免許といった制度があります。

開業予定業種の許認可を調べる

　独立開業にあたっては、行政上の許認可が必要かどうか、十分に調査してから計画に入りましょう。一般に、多くの人にできそうな業種ほど、許認可を得ることは簡単です。逆に、高度な技術が要求される業種、公益性が高い業種ほど、許認可を得ることが難しくなっています。また、一定の資格があってはじめて許認可が得られる業種もあります。

　多額の資本と時間を投資して開業を準備しても許認可が得られないと意味がありません。特に難易度の高い許認可については、あらかじめ行政の窓口、経験者、専門家などに相談するなどして、十分な準備を進めておくことが必要不可欠です。

許認可が必要な業種

　街を歩いていて見かける職業の多くが、何らかの許認可と関係しています。衛生面に注意が必要な業種として、レストラン、ラーメン屋、居酒屋、喫茶店などがあります。また、犯罪の予防のために、一定の性風俗店などは届出制業種となっています。建設業、運送業などは、許可が必要な代表的業種といえます。

　また、開業自体の許認可とは別に、営業の過程で許認可が必要になることもあります。製造業で特定の物を

第1章　開業計画を立てる

製造する場合に、許可が必要になることがあります。危険物を保管する場合にも許可を必要とします。また、食品や動物を海外から輸入する場合には、検疫・動物保護の観点から許可が要求されています。

独立開業にあたっては、この点に十分な注意を払うべきです。

都道府県知事の許認可が必要な場合

行政というと、まず、○○省などによる国の行政が想起されます。

しかし、事業に関する許認可については、実際のところ、地元に密着している地方自治体が担当していることが多いようです。これは、国が制定した法律に基づいて都道府県知事・市区町村長が許認可権を有していることを意味しています。

また、警察関連の許可権は、都道府県単位とはいっても、都道府県知事ではなく都道府県公安委員会が許可権を有しています。

なお、一般的には都道府県知事の許可が必要とされていても、政令指定都市などでは、許可権が市長に委ねられていることがあります。開業にあたっては、その場所での許認可権が、どの行政庁に属しているのかを確認しておかなければなりません。自治体の許認可の具体例には、以下のものがあります。

① 各種学校、幼稚園の認可、保育園の認可・認証・届出
② 旅行業（第1種旅行業者を除く）
③ 同一都道府県内にのみ営業所がある場合の建設業の許可

保健所が窓口となる場合

飲食店や喫茶店、各種食品の製造・販売業など、衛生面に注意が必要な事業については、保健所が窓口

許認可の種類

許可	法令によって一般的に禁止されていることを、特定の場合に解除すること
認可	行政などが、その行為を補充して法律上の効果を完成させること
届出	ある行為を行うにあたって、行政に対して、事業者が一定の事項を通知すること
登録	登録簿に記載されることで、事業を行うことができる
免許	国民が本来持っていない権利などを与える行為

になっています。ただ、保健所はあくまでも窓口であって、許可申請のあて先は知事（市長）となっています。なお、キャバクラやホストクラブなど接待業の場合には警察を窓口とする許可なども必要です。

警察署が窓口となる場合

スナック営業、パチンコ店営業、クラブ営業などについては犯罪の予防や健全な風俗の維持などのために、許可が必要とされている場合があります。許可の権限を有しているのは都道府県の公安委員会ですが、窓口になるのは警察署です（ただし、屋台などの道路使用の営業については、警察署長が申請のあて先となります）。

なお、サービスの内容として、飲食を提供する営業では前述した保健所を窓口とする許可も必要です。

許認可の不要な業種もある

行政が国民生活のいたるところに介入しているのも事実ですが、どんな事業でも許認可が必要なわけではありません。ただし、その後に必要性が生じ、新たに法令や条例が改正・制定されて許認可の対象とされることもあります。

許認可不要で開業できるおもな業種

業　種	関連団体・注意点
通信販売業	関連団体：社団法人日本通信販売協会 ネットショップ自体は許認可不要。ただし、扱う商品によっては許認可が必要になる場合あり ex.　食品営業→飲食店営業、リサイクルショップ→古物営業
リース業	関連団体：社団法人リース事業協会 リース業自体は許認可不要。ただし、レンタカーについては運輸局の許可が必要
家庭教師派遣業	関連団体：特定非営利活動法人 日本家庭教師全国協議会 一般労働者派遣事業、有料職業紹介事業にあたらない通常の家庭教師の派遣事業であれば許認可は不要
学習塾	関連団体：社団法人全国学習塾協会 学習塾経営に許認可は不要

Column

小規模企業共済への加入を検討する

　小規模企業共済制度は、小規模企業の個人事業主や会社の役員などに退職金にかわる金銭を支給する制度です。個人事業主や会社の役員が月々掛金をかけることによって、廃業時や退職時に掛金額と掛けた期間に応じた共済金を受け取ることができます。

　かつては個人事業主本人しか小規模企業共済制度へ加入することができませんでしたが、現在では、一事業主につき2名まで共同経営者も小規模企業共済制度に加入することができます。

　小規模企業共済は、独立行政法人の中小企業基盤整備機構が運営しています。運営は国からの交付金によって行われており、経営は安定していると言えるでしょう。月々の掛金は1000円から7万円の範囲内で、500円単位で選ぶことができますので、自分の収入に応じて無理なく支払うことができます。

　また、掛金に関しては確定申告の際に「小規模企業共済等掛金控除」として所得控除を受けることができます。

　この他、一定の条件を満たす場合は納付した掛金合計の範囲内で貸付を受けることができるといったメリットもあります。

　この共済制度に加入できるのは、常時使用する従業員が20人以下（商業・サービス業では5人以下）の個人事業主や役員などです。この他、同規模の企業組合や協同組合の役員、常時使用する従業員が5人以下の士業法人（弁護士、税理士など）の社員なども加入することができます。

　加入を希望する際には、金融機関などで加入申込書を入手して必要事項を記載し、申込金と提出書類を添えて金融機関か委託団体に提出します。中小企業基盤整備機構の審査の結果、加入が認められれば共済手帳などが送付されます。

第2章

資金調達・融資のための手続きと書類の書き方

1 創業における資金調達法について知っておこう

自己資金をいかに作るかが融資の際にもポイントになる

■資金集めはとても大切

　事業を始める時、まず必要となるものは事業に必要となる**資金**です。現在では、資本金1円からでも会社を設立することができます。しかし、制度上は1円の資本金による会社の設立が認められるようになったといっても、実際は登録免許税や定款認証の手数料など、会社を設立するだけでも30万円程度の費用を要します。また、事務所や店舗等を借りるにしても、保証金やその後の賃料などが必要になります。ここまでは、事業活動の基盤となるものについてかかってくる費用です。さらに、実際に営業活動を開始するとなると、事業を回していくためにも資金が必要になります。

　たとえば、製造業であれば、製品の製造に使用する材料、それらを加工する人件費やその他の経費などもかかってきます。この営業活動の過程で必要となる資金を抑えてしまうと、販売できる製品の量や質自体も低下してしまいます。大きな利益を上げるためには、ある程度のボ

資金調達のいろいろ

資金調達方法	調達先	内容
自らの資産	自分	自らの貯金や資産など。
補助金	国、地方自治体	返済が不要な資金である。補助金等の対象となる経費が支払われてから審査が行われるため、入金まである程度の時間を要する。
出　資	株主など	株式会社であれば、株主を募り、出資してもらった資金を開業の元手とできる。こちらも返済不要の資金である。
融　資	政府系金融機関（日本政策金融公庫など）	融資を受けるには、創業計画書などに基づいた審査に通過しなければならない。補助金や助成金と異なり、返済する必要がある。
借　入	金融機関、知人など	返済が必要な資金である。金融機関であれば、返済が可能かどうか厳しくチェックされる。

リュームの資金を投じなければそれに見合った販売にはつながりません。そして、ここでの利益がなければ、次の営業活動のサイクルへとつなげることもできないのです。

翌期以降も継続的に事業を行っていくことを考えると、創業時に資金を確保しておくことはとても大切だといえます。

開業資金と自己資金は違う

たとえば、登記など会社の設立関連で必要となってくる費用や事務所賃貸のための保証金、仕入にかかる費用など、事業を始めるにあたって必要となってくる資金のことを**開業資金**といいます。このうち、貯金など自らの資金によってまかなっている部分が**自己資金**です。この自己資金だけでは創業に必要な金額に不足するという場合は、金融機関などの第三者から借入をすることで開業資金を確保することになります。

返済不要のお金が自己資金

自己資金の例として一番わかりやすいのが自分の貯金です。また、親族や友人などからの出資や、公的機関からの補助金も自己資金に含まれます。これらに共通することは、返さなくてもよい資金であるということです。資金の入手元が同じ親族や友人、公的機関であっても、その入手方法が借入や融資となれば将来的には返済することが必要になります。一方で、出資や補助金であれば返済の必要はありません。このように、返済不要のお金が自己資金です。

なお、公的機関からの融資を受けるにあたっては、自己資金の金額が借り入れることのできる金額の大きさに影響するものがあります。

そのため、自己資金の金額によっては、融資を受ける際に申請できる

開業資金と自己資金

開業資金
➡ 事業を始めるにあたって必要となる資金

自己資金以外
➡ 返済が必要なお金
ex. 金融機関からの借入金など

自己資金
➡ 返済不要のお金
ex. 貯金、公的機関からの補助金など

金額が実際に借り入れたい金額に届かないこともあります。

このような場合に、創業前にすでに支払った費用を自己資金に含め、実際の自己資金によるよりも大きい金額の融資を申請できる場合があります。つまり、実際よりも大きい金額の自己資金を申請することで、融資を受けられる金額も増えるというわけです。

このように、創業前に支払っているにも関わらず自己資金に含めたものを、**みなし自己資金**といいます。創業前に支払った費用としては、保証金や店舗の内装費などがあげられます。ただし、創業前に支払った費用を何でもみなし自己資金に含めてよいわけではありません。みなし自己資金として認めてもらうためには、条件が2つあります。まず、該当する費用が支払われた経緯が領収書や通帳などで確認できる必要があります。次に、事業に必要となる費用である必要があります。これらの2点を合理的に説明できなければ、認められません。

自己資金は多い方がよい

必ずしも、開業資金の全額を自己資金で賄う必要はありません。ただし、自己資金では賄うことができない開業資金を外部から調達する際には、自己資金の多寡が調達金額に大いに影響することになります。

自己資金以外の資金調達方法として代表的なものの1つに、**金融機関からの借入**があります。通常、金融機関が貸出を判断する際は、会社の直近の決算状況などに基づき、財政状態に問題がないか、利益を確保できているかなどを見ます。しかし、創業時にはまだ事業を開始していないため、金融機関の判断の元となる決算書がありません。そこで、自己資金がどの程度用意されているかをチェックすることで、貸し出したお金が問題なく返済されてくるかどうかを判断するのです。あまりに自己資金が少ない場合は、財務基盤が弱いものと判断され、金融機関から満足な貸出額を得られない、又は貸出をしてもらえない可能性もあります。

金融機関以外の資金調達方法としては、地方自治体からの制度融資や日本政策金融公庫からの新創業融資などがあります。ここでも、自己資金の金額が融資額を決定する際の判断材料になることがあります。自己資金の多寡が融資額に影響する制度の場合は、自己資金が多いほどより

多くの融資額を引き出すことができるといえます。

まずは補助金を検討する

開業資金を準備する際に、自己の貯金や資産などでは賄えない場合、調達先として検討したいのが**補助金**です。補助金を他の資金調達手段よりも優先して検討すべき理由は、それが返済不要の資金であることです。公的機関からの融資や、金融機関からの借入、その他身内や前の会社といった第三者からの借入は、将来的に返済する必要があります。返済するためには、事業活動によって期日までに返済できるだけの利益を生み出すことが必須になります。事業がうまくいかなかった場合に返済できなくなるリスクがあることや、将来の稼ぎを投資のためにとっておけるという点からも、なるべく返済不要の資金調達手段を活用すべきです。

また、親戚や知人といった身内との関係も、自らのビジネスの世界にはじめから取り込むこともなるべく避けるべきです。

補助金を受け取るには、補助金の対象となる経費の支払いが完了し、その支払が補助金等の要件に該当するかの審査に通過する必要があります。これらのプロセスが完了し、実際にお金を受け取るまでには、1年ほどかかることもあります。補助金を検討する場合は、この期間に必要となる資金をどのように確保するかについても考えておく必要があります。

政府系金融機関を利用する

資金調達手段としては、補助金や助成金、金融機関からの借入等の他に、**政府系金融機関**からの融資や補助金があります。政府系金融機関の代表的なものとしては、日本政策金融公庫があげられます。日本では、国全体で起業を支援する動きがあるため、このような政府系金融機関において創業のための融資制度を多く取り揃えているのです。

融資を受ける際に、金融機関は事業計画書（創業計画書）等をもって融資の可否を判断します。つまり、ここでは単に融資を行うだけでなく、その事業計画通りに事業が回るかどうかについても判断するのです。今後の事業展開を示す試金石としても、金融機関に事業計画書（創業計画書）を見てもらうことは意義があるものだといえます。

2 融資による資金調達法について知っておこう

創業支援に特化した融資がある

制度融資と公庫融資がある

　会社法上は1円でも株式会社が設立できます。法律上は会社の設立自体はほぼ資金ゼロで可能です。しかし、設立時の法的手続き費用をはじめ、設立後の事業運営に必要な設備購入資金や、商品を仕入れたり経費を支出したりする運転資金など、創業当初から多額の資金を必要とすることに変わりはありません。この創業時の資金を自己資金以外で調達するには、知人等から借り入れることも考えられますが、やはり金融機関等から借入をすることがもっとも一般的です。

　しかし、創業当初の中小企業には社会的な信用力や実績がありません。そのため金融機関から借入をすること自体、容易ではありません。

　そこでまだ創業まもない中小企業を支援する制度として、**制度融資**と**公庫融資**という2つの制度があり、これを利用することがスムーズな資金調達に一助をなしてくるのです。

制度融資とは

　制度融資とは都道府県や市区町村などの地方自治体と、信用保証協会、金融機関の三者が協力して創業したての中小企業の資金調達の円滑化を図ろうとする制度です。

　この三者の流れとしては、地方自治体が金融機関へ貸付用資金を預けます。金融機関はその資金を元手に、まだまだ事業実績や信用力が低い中小企業へ貸付を行います。この中小企業の返済能力を含めた信用力、つまり債務保証する機関として信用保証協会は機能します。金融機関は信用保証協会の債務保証があるからこそ、まだまだ返済能力等の信用性が未知数に近い中小企業へ融資を実行するのです。

信用保証協会の役割とは

　まだ社会的信用力つまり返済能力が乏しい中小企業の債務を保証するのが**信用保証協会**です。つまり信用保証協会みずから中小企業へ融資するわけではありません。あくまで金

融機関が中小企業へ融資する金額について保証をすることで、その融資を実行する一助となるのです。つまり、会社の借金の保証人になってくれるということです。

借金の保証人ですから、もし事業がうまく軌道に乗れず、借入金を返済できなくなってしまった場合は、信用保証協会が中小企業に代わって返済をします。これを**代位弁済**といいますが、代位弁済をすることで会社は信用保証協会に対して新たな資金計画を提出し、それに沿って信用保証協会に対して返済を進めていくことになります。信用保証協会が保証したからといって、債務が免除されたわけではないのです。

公庫融資とは

公庫融資とは、政府系の金融機関である日本政策金融公庫からの融資です。都市銀行など、民間の金融機関と違い、株式の100%を政府が出資している金融機関であり、その存在意義も、創業当初の小さな会社へ可能な限りの融資を実行し、創業支援と国の経済発展に寄与（貢献）することを第一義としている金融機関です。

日本政策金融公庫が創業まもない会社へ行う融資には**新創業融資**と呼ばれるものがあります。原則として無担保無保証ですが、融資される最高額は3000万円です。

制度融資と日本政策金融公庫の違い

制度融資と日本政策金融公庫の融資には、以下のような違いがあります。

① 担保と保証

制度融資と公庫融資は、どちらも

制度融資と信用保証協会融資のしくみ

```
都道府県又は市区町村
    │貸付資金
    ▼
 金融機関 ◄──代位弁済──── 信用保証協会
    │      (返済できなくなった場合)    │
    │貸付                         │債務保証
    ▼                             ▼
       中小企業者（信用力 低）
```

原則として無担保であることは同じです。ただし制度融資では代表者の連帯保証（50ページ）が求められます。

② 融資申込可能期間

融資の申込期間は制度融資の方が有利です。どちらの融資も創業前から借入の申込はできますが、公庫融資は事業開始後、税務申告を2期終えるまでが期限であるのに対し、制度融資は事業開始後5年まで申し込むことができます。

③ 融資限度額

融資額の上限については、公庫融資は3000万円が上限ですが、制度融資では2500万円（認定特定創業支援事業の特例の場合は3000万円）までとなっています。

④ 返済期間と据置期間

返済期間は、公庫融資が基本5年～15年以内となっており、制度融資については基本7～10年以内となっています。また、それぞれ据置期間、つまり融資を受けてから返済を開始するまでの間、利息の支払いのみで元金支払いをしなくてよい期間を設定できます。

⑤ 金利等の調達コスト

金利についてはやや制度融資の方が低めに設定されます。しかし制度融資では金融機関への金利（利息）の支払いの他に、信用保証協会への保証料の支払いも避けられません。この保証料を金利ベースに計算し直すと、トータルコストとしては公庫融資の方が有利となるケースが多いようです。

⑥ 自己資金の必要性

制度融資と公庫融資でもっとも違いが大きいのは、自己資金の必要性です。制度融資では自己資金に1000万円を加えた範囲内ですが、公庫融資では創業に必要な資金のうち10分の1は自己資金でまかなうことができることを条件としています。公庫資金の融資上限は3000万円ですので、上限いっぱいに融資を受けたいと考えるのであれば、少なくとも333万円は創業資金として利用できる自己資金が必要です。

また、制度融資では必ず代表者の連帯保証を求められます。この連帯保証は創業まもない経営者にとっては想像以上に心理的な負担を強いられるものです。制度融資と公庫融資のどちらかしか利用できない、というわけではありません。綿密に組み立てた事業計画から調達が必要な資金を計算し、この2つの制度を使い分けることが賢い選択肢といえるかもしれません。

それ以外の融資方法について

制度融資や公庫融資以外の方法としては、プロパー融資があります。プロパー融資とは、都市銀行や地方銀行等、民間の金融機関と中小企業が直接融資契約をすることで、信用保証協会は入りません。ただしこの場合、会社の返済能力を含めた信用力と事業計画、将来的な成長性を説得できる経営者の人間性は必ず大きな要素になります。しかも創業まもない会社ではプロパー融資を受けることができたとしても、その金利水準は相当に高めに設定されるかもしれません。金利負担は返済期間中必ずついて回り、融資を受ける際に想像していた以上に後々負担を感じるものです。

日本政策金融公庫と似た毛色の金融機関として商工組合中央金庫（商工中金）があります。こちらはいわゆる半官半民的な金融機関であり、融資における審査基準も都市銀行等とはまた違った視点から評価してもらえる面もあります。また中小企業への融資に特化しているため、もしも懇意の金融機関がないようであれば、相談する選択肢として有効な場合もあります。

制度融資と日本政策金融公庫の比較（創業融資の場合）

	制度融資	日本政策金融公庫融資
申込可能期間	事業開始後5年まで	2期目の税務申告まで
融資限度額	2500万円	3000万円
返済期間 据置期間	基本7〜10年以内	基本5〜15年以内
金利 コスト	金利：制度融資の方がやや低い ※信用保証協会への保証料の支払い有り	公庫融資の方がトータルコストは低い場合もある
自己資金の必要性	融資の対象は、自己資金に1000万円を加えた額の範囲内	総資金の10分の1を自己資金で賄う必要あり

3 創業融資はどのように決まるのか

裏付けのある事業計画と経営者のビジョンが重要

申し込む前に手続きを把握する

　金融機関から融資を受けるには、まず金融機関の融資担当へ相談をします。金融機関の選定は特に決まりはありません。以前より個人で利用している金融機関でも、あるいは今後の利便性を考えて、事業所から最寄りの金融機関でもかまいません。

　融資を申し込みたい金融機関を選定した後に、その金融機関の預金口座を開設していなければ、口座を開設し、借入の申込書とそれに付随する必要書類を添付して金融機関へ提出します。申込時には金融機関の融資担当者は経営者と面談します。面談では経営者のビジョンや熱意、営業力や技術力、人間性などを確認します。

　そして金融機関内部で融資実行の可否を審査し、審査が通れば金融機関が金銭消費貸借契約書を作成し、融資の契約を締結します。契約書に書かれた条件に従って、すでに開設した口座へ融資が実行されます。

借入申込書以外の提出書類

　創業して何年も経過していれば会社には決算書があります。また過去の実績や新商品の展開など、将来の事業見通しから作成した損益計画や資金繰り計画も存在します。通常の融資ではこれらの書類を提出し、融資の申込をするのが一般的です。

　しかし、創業当初において決算書はありませんし、まだ事業の実績もないため、過去の実績や傾向が存在しません。そこで創業融資の際には、将来の展望から作成した事業計画書つまり創業計画書が重要な書類になります。また、他にも印鑑証明書や登記事項証明書の提出が必要になります。

金融機関は何を見て評価をするのか

　金融機関は提出された創業計画書を精査し、数字のバランスや事業見通しの実行可能性を評価します。金融機関の審査部は百戦錬磨な上、シビアです。バラ色のような創業計画書に対しては厳しい質問攻めをして、

内容の信憑性を確かめます。逆に成長性が見えてこない創業計画書も金融機関は融資を実行しても回収可能性が評価できないためNGです。

創業計画書の他に最も重要なポイントは経営者との面談でつかんだ印象とビジョンです。経営者のビジョンや営業力、技術力を面談でつかみ、金融機関の担当者は審査部へ報告します。それらを通じて金融機関は独自の基準で会社を格付けし、融資条件を決定します。

「格付け」とは、金融機関が融資を行うにあたって基準とする企業のランク付けのことです。条件のよい融資を受けるためにはランクが重要になります。

金融機関との面接

金融機関にとって融資にはリスクが伴います。金融機関の担当者にとって最も重要なことは「融資した資金が滞ることなく返済されるかどうか」という点です。そのため、融資の際には金融機関と申込者(社長)との間で面接を行い、融資を実行するかどうかの判断が行われます。

面接で質問される内容は、①借入金額、②経歴、株主構成、取締役の状況、③商品やサービスの内容、売上げ目標の根拠、顧客に対する見込み、仕入先、費用、④人件費、設備投資に係る投資、経費や減価償却などの見込み、⑤見込まれる利益、といった事項です。

もっとも重要なのが、借入金額に関する事項です。「事業計画に基づく具体的な借入金額」「貸し付けた資金の使途」「返済期間や月々の返済可能額」について具体的な回答が求められます。計画書の内容を再度より深く把握し、申込者(社長)自身の言葉で答えられるようにすることが大事です。

金融機関の融資の流れ

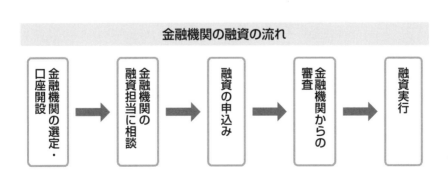

金融機関の選定・口座開設 → 金融機関の融資担当に相談 → 融資の申込み → 金融機関からの審査 → 融資実行

4 融資に必要な保証人や担保について知っておこう

借入には、一般に保証人や土地等を担保に提供する必要がある

融資の際には担保を求められる

銀行などの金融機関が多額の融資をする場合は、相手方から確実に代金を回収できるようにするため、融資に際して何らかの**担保**をとるのが取引社会の常識です。

仮に、起業により始めた事業の経営に失敗して、借入額の返済が困難になった場合には、一般債権者（担保をとっていない債権者）よりも、抵当権などをもつ担保権者が優先して債権を回収できるからです。このように事業が失敗するなどして、返済が困難になった場合のリスクを回避する手段として、担保制度が活用されます。

なお、担保をつけられた債権（創業資金のように金銭債権であるのが通常です）のことを**被担保債権**と呼びます。

担保の種類

貸金などを担保するための制度として、**保証**があります。たとえば、金を貸している債権者は、会社を創業しようとしている債務者本人の財産に加えて、創業者の家族などの第三者を保証人として、保証人の財産も引当てとすることができます。債務者の資力に不安がある場合に、資力がある人を保証人とすることで、債権の回収を確実にします。保証は、保証人という「人」の財産を担保とする制度であることから、人的担保と呼ばれています。保証には、保証（単純保証）と**連帯保証**があります。連帯保証の方が債権者にとって効力が強いこともあり、実務上はほとんどの場合で連帯保証が設定されます。

債務者以外の第三者（保証人）の財産が担保となる保証に対して、債務者本人または第三者のもつ特定の財産を担保とする制度があります。代表的なのは、創業しようとする者が持っている土地や建物を担保とする**抵当権**です。その他に、質権や譲渡担保、仮登記担保などがあります。これらは、債務者または第三者の「特定の財産」つまり物を担保とすることから、**物的担保**と呼ばれます。物

の価値はある程度一定していますので、担保としては確実性・堅実性があるといえます。

抵当権とは

抵当権とは、創業資金などの借入額（債権）を担保するために、創業者（債務者）本人（または第三者の物でもよいですが）の土地や建物に設定される権利です。債務者が債務を返済しない場合には、抵当権者（＝債権者）は、抵当権設定者（＝債務者）の土地・建物を競売し、その売却代金から債権の回収を図ります。

抵当権には、抵当権設定後も債務者が従来通りに目的物を使用・収益することができ、そこから債務の弁済資金を得ることができるという利点があります。なお、抵当権には、大きく分けて通常の抵当権と根抵当権の2種類があります。一般に抵当権という場合には、通常の抵当権のことを指します。

根抵当権とは

根抵当権とは、一定の範囲にある不特定の債権を、限度額（極度額）まで担保する形式の抵当権です。通常の抵当権とは、次のような違いがあります。通常の抵当権は、被担保債権が個別に特定されており、その債権を担保するために設定され、その債権が弁済などで消滅すれば抵当権も消滅します。これに対して、根抵当権では、一定の範囲に属する債権であれば、個々の債権を特定する

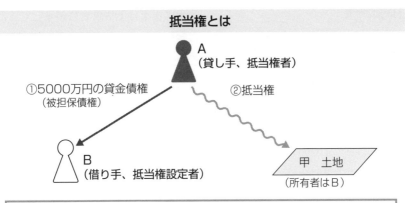

抵当権とは

A（貸し手、抵当権者）
①5000万円の貸金債権（被担保債権）
②抵当権
B（借り手、抵当権設定者）
甲　土地（所有者はB）

AはBと①金銭消費貸借契約と②抵当権設定契約を結ぶ。Aを「抵当権者」、Bを「抵当権設定者」、5000万円の貸金債権を「被担保債権」という。

ことなく複数の債権を極度額に至るまで担保することができます。個人の借入の場合と異なり、継続的に事業等の操業に必要な資金等を借り入れる場合には、個々の債権額が明確になっている場合は少ないため、根抵当権が設定される場合が多いといわれています。

通常の抵当権と異なり、被担保債権の金額がゼロになっても根抵当権は消滅しません。つまり、根抵当権は極度額という「枠」を設定して、その枠の内部であれば、被担保債権が増減したり入れ換わったりすることのできる権利です。根抵当権は、継続的な取引をしている債権者が債務者に対する債権を一括して担保するのに有益な制度です。

保証制度

保証は、創業資金等の本来の債務（主たる債務）が返済されない場合に、債権者が、創業者の親・配偶者・兄弟など身近な者を保証人として契約を結んでおき、保証債務（主債務者に代わって返済するという債務）を請求することで債権の回収を実現する制度です。

保証には普通の保証と、普通の保証よりも保証人の責任が重い連帯保証があります。

保証をする場合には、債権者と保証人の間で契約を結ぶ必要があります（保証契約）。保証契約は書面で締結する必要があります。

保証契約は独立した契約ですが、あくまでも主たる債務の担保を目的としています。そのため、主たる債務が問題なく返済されれば、保証債務も目的が達成されたことになるので消滅します。

また、債権が譲渡されて主たる債務の債権者が変わった場合には、保証債務も主たる債務と共に移動し、新しい債権者に対して保証債務を負うことになります。

さらに、あくまで主役は主たる債務なので、保証人は債権者から保証債務の支払いを請求された場合には、①「まずは主債務者に請求してください」（催告の抗弁）、②「主債務者には財産があるのだからそちらを先に執行してください」（検索の抗弁）と、2つの言い分を主張することが認められています。

連帯保証とは

前述したように普通の保証人には、催告の抗弁権、検索の抗弁権があります。また、普通の保証人が複

数いたとしても、それらの保証人には、原則としてその頭数で割った分しか保証義務はありません（分別の利益）。これらの抗弁権や、分別の利益は、債権者にとっては意外に厄介なものです。そこで、実際にはほとんどの場合、連帯保証の形になっています。

創業資金の借入の場面でも、創業者の家族などが保証人になる場合に、銀行等の債権者は、連帯保証にすることを望む場合が多いといえます。

保証人がいないときにはどうする

一般に、創業者が、銀行等から資金の借入を希望する場合、銀行等は保証人を立てることを要求します。もし保証人を立てることが困難な場合、融資を受けることはできないのでしょうか。

現在、各地方公共団体が中心になって、創業支援政策が行われています。たとえば、信用保証制度では、地方公共団体（信用保証協会）が保証人として、創業者の資金借入を支援します。また、日本政策金融公庫では、無担保等での融資に値する事業であると、事業計画書等から判断した場合には、無担保等で資金を融資する場合があります。

根抵当権のしくみ

A社

①一定の範囲の不特定な債権
（たとえば継続的な取引による売掛債権）

②根抵当権
（極度額の限度で①の債権をすべて担保する）

B社

甲　土地
（所有者はB社）

5 融資を受ける際にはどんな書類が必要なのか

借入申込書や創業計画書、登記事項証明書、源泉徴収票が必要

■必要書類をどのようにそろえるか

融資を受ける際は、必要書類を準備した上で申込を行った後、書類の審査、そして面談があります。審査に通過することができれば、無事融資を受けることができます。審査に必要となる書類としては、申込に際して提出する必要があるものの他、申込後必要に応じて担当者から求められるものがあります。必ず必要になる書類として、借入申込書や創業計画書、信用保証委託申込書などがありますが、これらは日本政策金融公庫や各自治体のホームページからダウンロードすることが可能です。

また、登記事項全部証明書は本店所在地の法務局から取り寄せることになります。設備購入に充当するために融資を受ける場合は、購入する設備が特定できるような書類を提出することになるため、業者から契約書や見積書、カタログなどを取り寄せる必要があります。

このように、インターネットから容易に入手できる書類もあれば、業者に依頼して用意する書類もあるため、書類の準備期間に余裕をもって用意に取りかかる必要があります。

■自治体の制度融資の申込に必要な書類

まず借入申込書、創業計画書、登記事項証明書（会社の場合）、源泉徴収票があります。設備購入のための必要資金を申し込む場合には、当該設備を特定できる資料（見積書、契約書、カタログなど）が、融資にあたって担保を提供する場合は、担保となる固定資産を把握できる資料（評価証明書や登記事項証明書）が必要になります。これらの書類に関しては、日本政策金融公庫の融資の申込の際に必要になる書類と共通しています。

その他、自治体の制度融資申込の際に必要となるものとしては、印鑑証明書、信用保証委託申込書、信用保証委託契約書、個人情報の取扱いに関する同意書などがあります。

自治体の制度融資の申込に際して必要になる書類に関しては、全国共

通ではなく、各自治体によって異なります。そのため、事前に窓口などで必要書類を確認するとよいでしょう。

日本政策金融公庫の申込に必要な書類

自治体の制度融資の申込に必要な書類と共通しているものについては、前述した通りです。日本政策金融公庫特有の必要提出書類としては、「企業概要書」があります。こちらに関しては、初めて日本政策金融公庫から融資を受ける場合にのみ必要になります。

また、申込後の面談の際に、さらに書類を提出するように求められることがあります。この場合に提出する書類としては、直近の通帳などの自己資金の金額を把握できるもの、住宅ローンの残高や返済額がわかる資料など代表者個人の借入状況がわかるものなどがあります。その他、パスポートや免許証などの身分証明となる書類なども、追加で求められる書類として代表的なものです。場合に応じて、これら以外の書類が求められることもあります。

なお、前述した書類の他に、事業計画の信ぴょう性を裏付ける資料として、取引先からの注文書や同業他社の実績データなどを任意で提出することも可能です。計画通りに事業が運ぶことを先方に信用してもらうために、裏付けとなる資料やデータを準備することは、審査に通過するための有効な方法だといえます。

融資の必要書類

・借入申込書	
・法人の場合	履歴事項全部証明書・直近の決算書　など
・個人の場合	納税証明書・源泉徴収票　など
・設備購入の場合	見積書・カタログなど（購入する設備が特定できる書類）
・起業する(した)場合	創業計画書
・制度融資の場合	信用保証委託申込書・信用保証委託契約書、個人情報の取扱いに関する同意書
・その他	通帳の原本　印鑑証明書　など

6 創業計画書の書き方をマスターしよう①

融資を引き出すための重要なアイテムである

なぜ創業計画書が必要なのか

創業計画書を作成する大きな目的の1つとして、融資を獲得することがあります。自治体の制度融資や日本政策金融公庫といった金融機関の融資に申し込む際は、創業計画書の提出が必須になります（66、68ページ参照）。既に営業を開始していて、それなりに実績を積み重ねている会社であれば、創業計画書ではなく今までの業績等を重要な判断材料とすることができます。このような会社の場合、これまでの実績をふまえて今後の事業計画の実効性を検討することで、融資の可否を判断することができます。

しかし、創業する会社が融資の対象となる場合は、これまでの実績を見ることができないため、既に実績のある会社に対するものと同じような判断プロセスをたどることができないのです。そこで、創業計画書から事業の実行可能性や市場への適合性などを読み取り、果たして融資できる相手なのかどうかを判断することになります。創業計画書は、融資を引き出すための重要なアイテムだといえます。

創業計画書を作成する目的はこれだけではありません。たとえ金融機関のような第三者に見せなかったとしても、創業計画書を作成することは今後の経営にとってとても大切なことです。創業計画書には、創業の目的、過去の経験、取扱商品・サービス、取引先、資金調達方法や今後の売上や利益の見通しなどを記載します。事業に関する計画を具体的に詰めきれていなければ、これらを記載することは難しいでしょう。一方で、これらを具体的に記載できるようになっていないと、実際に事業を軌道に乗せることは難しいといえます。また、これらの要素を客観的に見通すことで、事業の実行可能性がどの程度のものかについても冷静な目で判断できるようになります。

このような意味でも、創業の際に創業計画書を作成することは意義があるといえます。

業種や開業予定を書く

創業計画書にはいくつか項目がありますが、その中には業種や開業予定がいつか、という項目もあります。

まず、**業種**についてですが、こちらについては必ずしも日本標準産業分類などに従ったものでなくても構いません。これから行おうとしている事業がどんなものなのかが明瞭にわかるように、かつ簡潔に書けばよいのです。もし、事業が2種類あるのであれば、2つの業種を並べて記載しましょう。

次に、**開業予定**の記載についてです。いつ開業するかという点がはっきりとしていなければ、本当に事業が実行されるのか、また計画的な経営を行っているのかなどといった疑問を持たれてしまいます。ただし、開業予定に関しては日にちまで具体的に記載する必要はありません。何月のいつ頃(たとえば6月の下旬であるなど)に開業する予定である、というところまで記載しておきましょう。ここで留意しておきたいのは、申込から融資の審査を通過し、実際に入金があるまで1か月程度の時間を要することです。長い場合だと1か月半程度かかることもあります。この点を考慮して開業予定時期を決めなければ、計画性がないものと判断されてしまうおそれもあります。

開業場所について

その他の創業計画書の項目としては、**開業場所**があります。こちらには、開業する場所もしくは開業する予定としている場所を記載します。必ずしも、開業する事務所等の賃貸

創業計画書の作成ポイント

創業計画書の項目	作成のポイント
業種	事業の内容を明瞭かつ簡潔に記載する。
開業予定	融資にかかる時間を考慮して開業予定時期を決める。
開業場所	賃貸の場合は、関連資料を提示して賃貸する意思を明示する。
創業の目的や動機	顧客目線を取り込んだ内容を心がける。
過去の事業経験や同じ事業の経験等	今までの知識、経験などをできる限りアピールして、他社と差別化できることを示す。

借契約まで締結している必要はありません。予定している開業場所、その場所を賃貸するという明確な意思を示すことができればよいのです。この場合、仮契約書など、賃貸する意思を表す資料を提出することになりますが、どのような資料を提示すればよいかについては融資元によって異なります。そのため、必要な資料を事前に融資元に確認しておきましょう。

創業の目的や動機を書く

創業計画書の重要な記載項目として、**創業の目的、動機**があります。ここでは、機械的に記載された事業計画では表せないような、事業にかける強い思いを表現しましょう。他の項目と異なるのは、事業を実行に移すにあたっての具体的な行動を記載する項目ではない点です。創業の目的や動機は、困難に直面しても事業をやり遂げる熱意があるのか、経営の根幹となる一貫した理念があるのかということを図るモノサシにもなります。この項目では、事業に対する自分の理念を明瞭にわかりやすく、また顧客や社会にどのような影響を与えるのかといったことを念頭に入れて記載しましょう。事業を支えることになる顧客の目線を無視した計画では、将来的に事業が軌道に乗るものと判断することは難しいからです。

過去の事業経験や同じ事業の経験等について

過去の事業経験や同じ事業の経験の項目では、新規事業に通ずる経験や知識をどの程度身につけているのか、他の会社と差別化できるような能力があるのかといったことなどが見られます。過去の事業経験の中での成功や同じ事業での経験があるほど、今回創業する事業が軌道に乗る可能性が高いものと判断され、より融資を引き出しやすくなります。そのため、ここに記載できるような技術、経験、知識などはできる限りアピールしていく必要があります。もし同様の事業に関する経験がなかったとしても、その他の経験から何か新規事業に通ずるスキル等は無いか探してみましょう。たとえば異業種であってもコミュニケーションスキルや計画立案能力といった共通して使えるスキルはあるはずです。過去の自分の経験をいろいろな角度から見ることで、新規事業の成功を主張できる要素を積み重ねていきましょう。

7 創業計画書の書き方をマスターしよう②

商品やサービス、セールスポイント、取引先、仕入先などを記載する

■取扱商品やサービスについての欄の作成

売上を生み出す重要な要素となるのは、**商品**や**サービス**です。事業を行うにあたって、商品やサービスがどれだけ魅力的であるかは、今後の事業の行く末を占う重要な要素といえるでしょう。創業計画書の取扱商品やサービスの項目を記載する際は、どのような商品又はサービスなのかをわかりやすく、そして見やすく表現することに留意しましょう。

商品やサービスの名前や単価、及びその内容を簡潔に、かつ、それらの魅力や特徴、そしてそれらによって顧客がどんな恩恵を受けるのかをよく伝わるように記載します。表形式にして記載したり、メニュー表を添付するなどの工夫をすることによって、記載事項が見やすくなり、商品やサービスの内容がより伝わりやすくなります。商品やサービスの単価を決める際には、事業の方向性と整合しない値決めとならないように留意しましょう。低価格にすることにより購入のしやすさを売りにす

るのか、商品やサービスの高付加価値を売りにするかによって、商品開発や仕入経路・販路開拓などといったことに関わる事業全体の戦略も大きく変わってきます。

■セールスポイント欄の作成について

商品やサービスは、顧客から見て価値を感じるものでなければなりません。その価値を適切にアピールすることにより、商品やサービスが顧客のニーズを満たすものであり、売上を押し上げる要素となりえるものだと主張できるのです。このことは、事業が軌道に乗るかどうかを判断する重要な要素ですので、この項目の記載によってはより融資を引き出しやすくなるといえます。この欄を記載する際は、顧客にとってメリットとなることをただ羅列するだけではなく、その価値を生み出すしくみを備えている(またはその計画がある)ことや、商品やサービスに創意が凝らされていることなども含めるとよいでしょう。このような記載が加わ

ることで、それらの商品やサービスが売上を牽引していくことについてより現実味が増します。

取引先・取引条件等について

創業計画書の**取引先**に関する事項では、具体的な取引先名の他、入金サイトなどの**取引条件**、掛け取引をどの程度行うのかといったことなどを記載していきます。これらの事項を具体的に記載することで、特定の取引先と交渉が進んでいることが分かり、今後の売上計上について説得力を持たせることができるのです。ここで取引先を記載する際は、事前にその取引先に信用力があるのかを調査しておきましょう。たとえ販売したとしても、それが信用力のない取引先との掛取引であれば、入金されない可能性もあるからです。このような取引先に対して大口の販売を行っていれば、たちまち資金繰りに行き詰まってしまいます。

仕入先、外注先について

取引先に関する事項と同じように、創業計画書では**仕入先**や**外注先**についても、仕入先名や外注先名、支払いサイトなどの支払条件、シェアといった具体的な事項を記載していきます。販売を行うには、販売する商品やサービスを生み出す材料等の仕入先、加工等をする外注先を確保できていなければなりません。ここがしっかり定まっていなければ、いくら顧客がいても肝心の商品やサービスを提供できなくなり、売上を取り逃がしてしまうことになるのです。

このようなことがあるため、事前に仕入先や外注先の実態があるのか、きちんと営業活動を行っているのかということを調査しておきましょう。

「取扱商品・サービス」や「取引先・取引関係等」の記載上の注意点

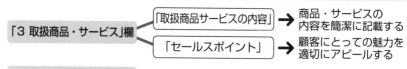

「3 取扱商品・サービス」欄
- 「取扱商品サービスの内容」→ 商品・サービスの内容を簡潔に記載する
- 「セールスポイント」→ 顧客にとっての魅力を適切にアピールする

「4 取引先・取引関係等」欄 → 取引先に信用力があるのかを調査した上で記載する

※上記の記載は創業計画書(日本政策金融公庫)の「3 取扱商品・サービス」「4 取引先・取引関係等」の欄を想定した説明

8 創業計画書の書き方をマスターしよう③

設備資金、運転資金に分けて使い道を記載する必要がある

■資金調達についての説明をどう書くか

創業計画書には、必要な資金とその資金の調達方法について記載する欄があります。ここには、「資金をどのような用途にいくら使うのか」また、「それらの資金をどこからいくら調達するのか」ということを具体的に記載します。

たとえば、日本政策金融公庫の創業計画書のフォーマットでは、資金調達欄のうち左の欄に資金の使い道に関する事項を記載することになります（67ページの「7 必要な資金と調達方法」欄参照）。ここでは、設備資金（店舗、工場、機械など）と運転資金（商品の仕入や賃金の支払など）の大きく2つに分けて使い道を記載します。また、右の欄には**資金の調達の方法**について記載します。この欄には、自己資金の他、親や友人等からの借入、金融機関等からの借入などに区分けして、資金調達方法及びそれぞれの方法による調達金額を記載していくことになります。何の用途に使用するのか明らかにされていない資金について融資の申請をしても、審査に通過することはまずありません。創業計画書において資金の使い道を明確に伝えることができれば、計画の実行可能性が高いということも融資の担当者に伝わります。ここを明らかにすることで、融資を申請したい金額にも説得力が増すのです。

■開業時に必要な資金にもいろいろある

一口に**開業資金**と言っても、その使い道にはいろいろあります。代表的なものは、開業準備のために必要となる資金です。この資金は、開業時にのみ必要になるものです。小売業の場合であれば、店舗を借りる際の保証金や棚、椅子、レジといった備品を購入する資金がこれに該当します。自社で製造を行う製造業の場合であれば、工場の建屋や製品を製造するための機械などの設備を購入することになるため、多額の資金が開業準備の際に必要になります。

また、開業資金には、日常的な営

業活動を行っていくために必要になる資金が含まれます。日常的な営業活動に必要となる資金とは、材料などの仕入にかかる費用や外注費用、毎月発生する賃料、光熱費等の他、交通費、従業員への給料といった費用にかかるもので、営業活動を行っていく上でなくてはならないものです。既に開業から時間が経過し、実績を積み上げている会社であれば、これらの資金は稼ぎ出した利益の中から捻出することができるでしょう。

しかし、創業当初の会社はまだ利益が創出されていない段階にあるため、別の手段によりこの資金を用意しなければならないのです。製造業の場合、材料等の仕入を行い、商品を製造し、それらを販売することで売上が生まれます。資金が出ていく仕入と、資金が入ってくる販売ではタイムラグが生じるのが通常です。そのため、この間も営業活動ができるような資金を確保しておく必要があります。さらに、掛け販売取引となった場合、入金が行われるのは販売の翌月〜数か月後となります。取引先との取引条件もふまえて、ここで必要となる資金の金額を把握しておく必要があります。

開業準備のために必要となる資金と日常的な営業活動に必要となる資金については、いずれも金融機関からの融資の対象となるものです。注意が必要なのは、開業資金の中には融資の対象とならないものもあります。その1つに、自らが生活していくのに必要な資金が挙げられます。養う家族がいる場合は、家族の分の生活資金も確保しておく必要があります。起業当初は赤字となることが珍しくありません。しかし、赤字であったとしても、目先の利益に走って取引条件の悪い取引を行うのではなく、長期的な目線で事業活動に臨んでいかなければ将来的に事業を継続させていくことは難しいでしょう。ある程度の期間（少なくとも1年以上）の生活に必要な資金があることで、心に余裕も生まれ、事業において必要なことを冷静に判断していくことができます。

もう1つの融資対象とならない開業資金は、赤字となったときにその分を補てんする資金です。創業当初は赤字となることが一般的です。しかし、事業を継続していくためには、利益が生まれない中でも営業活動に必要な資金を捻出していかなければならないのです。赤字になったことを理由に融資を受けることは通常は

できないため、赤字の可能性を想定して赤字補てんできる資金を確保しておく必要があります。この資金の有無によって、事業を軌道に乗せられるまで会社の営業活動を継続させられるかどうかが決まってしまうことも多いのです。

以上の開業に必要となる資金については、実際にどの程度の金額が必要となるのかシミュレーションしてみましょう。具体的に想定してみることで、あらかじめ用意しておくべき資金を把握することができます。

設備資金について

開業資金の使い道のうちの1つに、開業準備のために必要となる資金がありました。この資金の主なものは設備資金です。機械や棚、椅子、パソコンなどの購入費用の他、店舗や事務所等の保証金は、事業活動を始めるにあたって必要不可欠な支出になります。この設備資金について融資を受ける場合は、創業計画書に購入を予定している設備や購入金額を具体的に記載します。

また、その設備の発注書や見積書(店舗等を賃貸する場合には、契約書など)も併せて提出する必要があります。ここで記載した購入予定設備は、融資の認可後において、申請通りの購入がなされているかについての金融機関から確認を受けることになります。具体的には、設備を購入した際に支払ったことがわかる証憑(領収証など)や、購入した設備

起業にかかる資金のまとめ

起業にかかる資金		資金調達先
設備資金 300万円	店舗や事務所の保証金、製造機械やパソコンなどの購入費用	自己資金 150万円
運転資金 200万円	事業が軌道に乗るまでの日々の営業活動に必要となる費用(仕入代金、給料、光熱費など)	自己資金でまかなえない金額 350万円 ↓ 金融機関からの融資などにより資金をまかなう

上記の他にも、開業に際しては、自分や家族の生活に必要な資金や赤字を補てんする資金が必要となる。いずれも、金融機関からの融資の対象とはならないことに注意が必要である。

の現物を見ることによって確認が行われます。もし、申請した内容と実際に購入した設備が異なることが判明した場合は、次回の融資を受ける際に不利になります。悪質な場合は、融資を受けた金額の返済を求められることもあります。

設備資金については、このような金融機関からの事後的な確認が入る一方で、使い道が明瞭である分、運転資金よりは融資を受けられやすいということもいえます。

運転資金について

運転資金は、開業してから事業が軌道に乗るまでに必要となる費用、具体的には仕入代金や従業員への給料、光熱費、保険料、家賃といった日々の営業活動に要する費用にかかるもので、設備資金以外の資金のことです。会社の場合は、経営者への報酬も役員報酬として運転資金に含めることができますが、個人事業の場合は含めることができません。運転資金も設備資金と同様に、金融機関からの融資の対象となる資金です。運転資金に対する融資を受ける場合は、創業計画書に使途とその金額を記載する必要があります。運転資金は、設備資金の融資を受ける時と異なり、金融機関から実際の購入内容を厳しくチェックされません。一方で、運転資金に関しては、申請金額を返済できる能力があるかどうかについて、審査の際に重点的にチェックされます。

自己資金でまかなえない金額を算出する

創業計画書には、必要な資金（設備資金、運転資金）の金額と同時に、その資金の調達方法を記載します。必要な資金の合計金額から、自己資金の金額を差し引いた分が他から調達する必要のある金額です。

では、自己資金とはどこまでの資金のことをいうのでしょうか。自己資金とは返済する必要のない資金のことです。創業したばかりの会社は、上場企業のように多くの株主の出資を受けることは難しいため、現実的には自分自身で貯めた資金と身内や友人などから出資してもらった資金が自己資金といえるでしょう。これらの返済不要の資金の合計額を、設備資金及び運転資金の合計から差し引いた金額が自己資金でまかなえない金額ということになります。ここから、金融機関に融資を申請する金額、知人等から借り入れる金額等に区分けして、資金調達方法を検討す

る必要があります。

金融機関の融資金額の基準とは

　自己資金でまかなえない金額を算出してみたところで、そのうち、金融機関からは果たしていくらの融資を受けることができるのでしょうか。

　金融機関が融資の判断をする際は、創業計画書の記載事項に基づき、事業が軌道に乗り利益を生み出せるかどうかについて検討します。そこでの検討結果が融資の可否や融資可能金額に影響するのです。しかし、その他にも融資金額の決定に影響する重要な要素があります。それは、自己資金の金額です。金融機関は自己資金の金額を基準として融資できるかどうか、また融資できる金額を決定します。政府系金融機関の代表例でもある日本政策金融公庫は、**自己資金の9倍の金額**までを融資金額の基準としています。

　また、自治体の制度融資の場合は、原則として自己資金の金額が融資できる限度額とされています。ここでの自己資金は資本金だけでなく、返済不要の資金すべてですので、助成金や補助金といったものも含みます。自己資金の金額を記載する際は、この点も考慮してなるべく多くの融資を受けられるようにしましょう。

設備資金と運転資金のしくみ

●設備資金

- ・機械・椅子・パソコン
- ・店舗や事務所の保証金　など

事後チェック　→　【金融機関】
申請通りの購入かどうか

●運転資金

事業が軌道に乗るまでに必要な資金
- ・仕入代金　・従業員への給料
- ・役員報酬（会社の場合のみ）
- ・光熱費　・保険料　・家賃　など

【金融機関】
返済能力に重点
購入内容の事後チェックなし

→通常の営業活動に要する費用（「設備資金」以外）

書式 創業計画書（日本政策金融公庫）

創 業 計 画 書

〔平成 27 年 4 月 10 日作成〕

お名前　　星光商事

1　創業の動機（創業されるのは、どのような目的、動機からですか。）

今まで不動産に関連する会社に勤める中で、不動産を求める顧客のニーズに合致した情報の提供が行われていないことを身をもって実感した。より深く、そして適格な情報を適時に伝達できれば、不動産の購入や賃貸を行う顧客にとっても満足度が大きくなるはずだと考え、市場を絞りつつも情報の質と素早さを高めた不動産関連サービスを行いたいと考えた。

公庫処理欄

2　経営者の略歴等

年　月	内　容	公庫処理欄
平成18年4月	〇〇不動産投資顧問株式会社に入社する。約5年間勤務し、開発事業、マネジメント事業に携わりながら、不動産投資事業を学ぶ。	
平成23年6月	株式会社〇〇に入社する。約4年間勤務し、都内物件を主とした賃貸仲介業務、売買仲介業務を学ぶ。また、不動産事業に関するセミナーにも定期的に参加し、最新の不動産賃貸市場の動向等に関する知識の習得も行っている。	

過去の事業経験	☑ 事業を経営していたことはない。 ☐ 事業を経営していたことがあり、現在もその事業を続けている。 ☐ 事業を経営していたことがあるが、既にその事業をやめている。 　　　　　　　　　　（⇒やめた時期：　　　年　　　月）
取得資格	☐ 特になし　☑ 有（宅地建物取引士　　　　　　　　　　　　　　　　　）
知的財産権等	☑ 特になし　☐ 有（　　　　　　　　　　　（☐申請中　　　☐登録済　））

3　取扱商品・サービス

取扱商品サービスの内容	① 不動産の仲介及び管理　　　　（売上シェア 65 ％）	公庫処理欄
	② 不動産の売買及び賃貸　　　　（売上シェア 20 ％）	
	③ その他（貸会場の経営やビルメンテナンス　（売上シェア 15 ％） 　　など）	

セールスポイント	中目黒、広尾、代々木上原といった都内高級住宅街の物件に特化しているため、該当地区において充実した物件を抱え、豊富な地域データを有している。そのため、これらの地区に物件を探している顧客に対し、他社よりも充実した物件情報を提供することができる。

4　取引先・取引関係等

	フリガナ 取引先名 （所在地等）	シェア	掛取引の割合	回収・支払の条件	公庫処理欄
販売先	一般個人 （　　　　）	80 %	50 %	末日〆 翌15日回収	
	株式会社〇〇 （　　　　）	15 %	100 %	25日〆 翌々月末日回収	
	ほか　　1 社	5 %	50 %	20日〆 翌20日回収	
仕入先	〇〇株式会社 （　　　　）	40 %	70 %	末日〆 翌月末日支払	
	一般個人 （　　　　）	30 %	80 %	20日〆 翌20日支払	
	ほか　　2 社	30 %	70 %	末日〆 翌月末日支払	
外注先	〇〇建装株式会社 （　　　　）	100 %	100 %	末日〆 翌20日支払	
	ほか　　　社	%	%	日〆 日支払	
人件費の支払	末日〆　　翌20日支払（ボーナスの支給月　　　月、　　　月）				

☆ この書類は、ご面談にかかる時間を短縮するために利用させていただきます。
なお、本書類はお返しできませんので、あらかじめご了承ください。
☆ お手数ですが、可能な範囲でご記入いただき、借入申込書に添えてご提出ください。
☆ この書類に代えて、お客さまご自身が作成された計画書をご提出いただいても結構です。

5 従業員

常勤役員の人数 （法人の方のみ）	3 人	従業員数 （うち家族）	（　　　人）人	パート・アルバイト	2 人

6 お借入の状況（法人の場合、代表者の方のお借入（事業資金を除きます。））

お借入先名	お使いみち	お借入残高	年間返済額
○○銀行	☑住宅 □車 □教育 □カード □その他	2,000 万円	180 万円
	□住宅 □車 □教育 □カード □その他	万円	万円
	□住宅 □車 □教育 □カード □その他	万円	万円

7 必要な資金と調達方法

必要な資金	金額	調達の方法	金額
設備資金：店舗、工場、機械、備品、車両など （内訳） パソコン カウンター、イス 事務用品 保証金 車両 改装費	760 万円 75 55 10 60 240 320	自己資金	1000 万円
		親、兄弟、知人、友人等からの借入 （内訳・返済方法）	0 万円
		日本政策金融公庫　国民生活事業 からの借入	500 万円
		他の金融機関等からの借入 （内訳・返済方法）	万円
運転資金：商品仕入、経費支払資金など （内訳） 外注費用 給与、役員報酬 家賃 その他経費	740 万円 120 390 20 210		
合　計	1,500 万円	合　計	1,500 万円

8 事業の見通し（月平均）

		創業当初	軌道に乗った後 （　年　月頃）	売上高、売上原価（仕入高）、経費を計算された根拠をご記入ください。
売上高 ①		450 万円	550 万円	<創業当初> ①売上高　150万円×3件=450万円 ※ ・人件費 代表取締役40万円＋取締役2名70万円＋パート2名20万円=130万円 ・家賃　20万円 ・支払利息 500万円×利率2.4%/年÷12ヵ月=1万円 ・その他 光熱費6万円＋通信費2万円＋広告宣伝費7万円＋その他5万円=20万円 <軌道に乗った後> ①売上高　創業時の約1.2倍 ②売上原価　創業時と同じ原価率 ③経費　業務拡大に伴い広告宣伝費等が10万円増加
売上原価 ② （仕入高）		210 万円	256 万円	
経費	人件費（注）	130 万円	130 万円	
	家　賃	20 万円	20 万円	
	支払利息	1 万円	1 万円	
	そ の 他	20 万円	30 万円	
	合　計 ③	171 万円	181 万円	
利益 ①−②−③		69 万円	113 万円	（注）個人営業の場合、事業主分は含めません。

ほかに参考となる資料がございましたら、計画書に添えてご提出ください。

（日本政策金融公庫　国民生活事業）

書式 創業計画書（東京信用保証協会）

様式3：創業計画書 1/全3ページ

創業計画書

平成 27 年 4 月 10 日

「創業融資」を申し込むため、下記の通り創業計画に添付書類を添えて提出します。

（申込書）　住　所　東京都渋谷区××五丁目2番1号
　　　　　　名　称　星光商事　　　　　　　　　　　印
　　　　　　代表者　星光男

融資対象の区分 （融資実行の時点）	○融資対象1（創業前）・融資対象2（創業後）・融資対象3（分社化）				
開業形態	個人・㋱・商号・屋号・星光商事				
開業の住所	東京都渋谷区××五丁目2番1号				
開業（予定）年月日	平成 27 年 6 月 1 日		電話	03（0000）0000	
事業開始届出書の有無	有・㋱	資本金	10,000,000 円	従業員数	5 人
他の事業との兼務状況	創業時、申込時において、他の事業を営んで（いる・㋱）				

※ 予定を含みます。

1 事業内容や創業動機

業　種	不動産業
（1）事業内容（取扱品・主製品又はサービスなど）	

主に中目黒、広尾、代々木上原、青山を対象とした都内の高級住宅地区における不動産事業を行う。これらの地域の物件を探す顧客をターゲットとし、地元に根差した情報、及び都内高級住宅地区を横断した情報を素早く提供する。
主なサービス内容は、不動産の仲介、管理、売買及び賃貸である。その他、貸会場の経営やビルメンテナンス、不動産の鑑定も行う。

（2）創業の目的と動機

今まで不動産に関連する会社に勤めてきた中で、不動産を求める顧客のニーズに合致した情報の提供が行われていないことを身をもって実感した。より深く、そして適格な情報を適時に伝達できれば、不動産の購入や賃貸を行う顧客にとっても満足度が大きくなるはずだと考え、市場を絞りつつも情報の質と素早さを高めた不動産関連サービスを行いたいと考えた。

（3）創業する事業の経験

・○○不動産投資顧問株式会社にて約5年間勤務し、開発事業、マネジメント事業に携わりながら、不動産投資事業を学ぶ。
・株式会社○○にて約4年間勤務し、都内物件を主とした賃貸仲介業務、売買仲介業務を学ぶ。
・また、不動産事業に関するセミナーにも定期的に参加し、最新の不動産賃貸市場の動向等に関する知識の習得も行っている。

（4）強み、セールスポイント及び競合状況

・中目黒、広尾、代々木上原といった都内高級住宅街の物件に特化しているため、該当地区において充実した物件を抱え、豊富な地域データを有している。そのため、これらの地区に物件を探している顧客に対し、他社よりも充実した物件情報を提供することができる。
・高級住宅地の中でも事務所所在地区のみではなく、複数の地区をターゲットとしている点で他社からの差別化を図ることができる。

（5）補足説明（創業する直前の職業、事前に必要な知識・技術・ノウハウの習得、事業協力者の有無、創業スケジュール等及び補足説明したいことを具体的に記入してください。）

・「マンション管理士」を取得しており、マンション管理に関する専門的知識を有している。

様式3：創業計画書　2/全3ページ

2 事業の着手状況 （次のア～キまでのうち該当するものに○印を付し、確認できる書類等を添付してください。）

- ア　機械器具・什器備品等を発注済みである。
- イ　土地・店舗を買収するための頭金等を支払い済みである。
- (ウ)　土地・店舗を賃借するための権利金・敷金等を支払い済みである。
- エ　商品・原材料等の仕入を行っている。
- (オ)　事業に必要な許認可等を受けている。
- カ　事業に必要な許認可の申請が受理されている。
- キ　その他
  （具体的内容： 　　　　　　　　　　　　　　　）

3 販売先・仕入先

主な販売先・受注先	住　　所	販売・受注予定額	回収方法
一般個人		年　4,800 千円	(現金)・(売掛)・手形
株式会社○○	渋谷区渋谷△丁目○番地○号	年　　700 千円	現金・(売掛)・手形
○○株式会社	渋谷区渋谷□丁目○番地○号	年　　500 千円	現金・(売掛)・手形

主な仕入先・外注先	住　　所	仕入・外注予定額	支払方法
○○株式会社	新宿区西新宿○丁目○番地○号	年　　600 千円	(現金)・(買掛)・手形
一般個人		年　1,680 千円	(現金)・(買掛)・手形
○○建装株式会社	渋谷区渋谷×丁目○番地○号	年　　480 千円	(現金)・(買掛)・手形

4 創業時の投資計画とその調達方法や内容

※ 金額が確認できる預金通帳の写し、残高証明、見積書、領収書等を添付してください。
※ 売上発生から1年以上経過している方又は確定申告を終了している方は、下表の記入は不要です。
　　合計残高試算表又は確定申告書（決算書）を添付してください。

創業時の投資計画		金額(千円)		調達方法・内容	金額(千円)
設備資金	事業用不動産取得・敷金・入居保証金 保証金	600	自己資金	預金	10,000
	改装費	3,200		預金以外	
	機械器具・什器備品等 パソコン カウンター、イス 事務用品 車両	750 550 100 2,400			
	① 設備資金 計	7,600	借入金	本件借入金	5,000
運転資金	商品・原材料等の仕入資金 外注費用	1,200			
	人件費・賃金等 給与、役員報酬	3,900		その他の借入金	
	その他の資金 家賃 その他経費	200 2,100	その他	その他の資金	
	② 運転資金 計	7,400			
合　計（①+②）		15,000		合　計	15,000

様式3：創業計画書　3/全3ページ

5　損益計画（売上発生後1年未満の場合：売上発生後1年毎、売上発生後1年以上の場合：今期以降の決算見込）

項　目	1年目(1期目)	【計算根拠】
① 売上高	千円 54,000	＜1年目＞ ①売上高　54,000千円
② 売上原価（仕入額、製造原価等）	25,200	②仕入高　25,200千円
③ 売上総利益（①－②）	28,800	④人件費 代表取締役4,800千円＋取締役2名8,400千円＋パート2名2,400千円=15,600千円
④ 人件費	15,600	⑤地代家賃　2,400千円
⑤ 地代家賃	2,400	⑥光熱費　720千円
⑥ 光熱費	720	⑦減価償却費　240千円（車両2台）
⑦ 減価償却費	240	⑧支払利息 5,000千円×利率2.4%/年=120千円
⑧ 支払利息	120	⑨その他経費 通信費240千円＋広告宣伝費840千円＋その他360千円=1,440万円
⑨ その他経費	1,440	
⑩ 販売管理費計（④～⑨）	20,520	
⑪ 営業利益（③－⑩）	8,280	

【損益計画】	売上高	営業利益	減価償却
2年目(2期目)	66,000	13,560	360
3年目(3期目)	74,400	16,200	480

6　自己資金額算定表（個人が新たに創業する場合のみ記入してください。）

※ 金額が確認できる預金通帳の写し、残高証明、見積書、領収書等を添付してください。

	内　訳	備　考	金額（千円）
事業に充てるため用意した資産	普通預金		700
	定期預金		3,100
	有価証券		
	敷金・入居保証金		
	資本金・出資金に充てる資金		10,000
	当該事業用設備		
	その他資産（不動産を除く。）		
	合　計　①		13,800
借入金等	住宅ローン	年間返済額の2年分	3,600
	設備導入のための長期借入金	年間返済額の2年分	
	その他長期借入金	借入金全額	
	合　計　②		3,600
	自　己　資　金　額（①－②）		10,200

※ 自己資金額等については、保証協会において再計算します。

様式3：創業計画書（参考）

≪ **添付書類** ≫（金融機関及び保証協会の審査のために、この他の書類が必要になる場合があります。）

● **必ず添付していただく書類**

融資対象１（創業前）の場合
■ 信用保証委託申込書（※）
■ 信用保証委託契約書（※）
■ 個人情報の取扱いに関する同意書（※）
■ 創業計画書
■ 印鑑証明書（申込人（予定代表者個人）のもの）
■ 事業に必要な許認可書又はその写し（当該事業を営むため許可、認可、登録、届出等を必要とする業種のみ）
■ 自己資金額等が確認できる下記の書類（融資対象1で自己資金がある場合）
□ 預　　　　　　　　金：預金残高の推移が分かるもの（預金通帳・証書の写し等）
□ 有　価　証　券：所有権の帰属が確認できるもの（取引通知書、計算書、投資報告書の写し）
□ 敷金・入居保証金：差入金額等が確認できるもの（賃貸借契約、預り証の写し）
□ 事前導入事業用設備：支出した金額が確認できるもの（領収書の写し）
□ 資本金・出資金：株式払込金保管証明書・出資払込金保管証明書等
□ その他自己資金：金額が確認できる客観的な証明の書類（写し）
□ 借　入　　　　　金：返済予定表（借入残高が確認できるもの）の写し等

融資対象２（創業後）・３（分社化）の場合
□ 信用保証委託申込書（※）
□ 信用保証委託契約書（※）
□ 個人情報の取扱いに関する同意書（※）
□ 創業計画書
□ 印鑑証明書（申込人及び連帯保証人のもの）
□ 商業登記簿謄本（法人の場合）
□ 個人事業の開廃業等届出書（個人の場合）
□ 事業に必要な許認可書又はその写し（当該事業を営むため許可、認可、登録、届出等を必要とする業種のみ）
□ ベンチャー企業向けファンドからの出資が確認できる書類又はその写し（融資対象2で該当する場合）

● **必要に応じて添付していただく書類**

融資対象１～３共通
■ 定款の写し（法人の場合のみ必要）
■ 見積書又は契約書の写し（設備資金の場合）
□ 不動産がある場合、不動産登記簿謄本（全部事項証明書）
□ 工業所有権の登録を受けたことの証明書又はその写し
■ 法律に基づく資格を有することの証明書又はその写し
■ 勤務経験がある場合、それを確認できる書類（雇用証明書、源泉徴収票等）
□ 所得証明書又は課税証明書 　（申込人（融資対象1の場合、予定代表者個人）又は代表者個人（法人の場合）のもの）
□ 創業時から現在までの事業資金の推移が確認できるもの（事業用預金通帳等）

※ 保証協会及びあっ旋機関から申し込む場合は、融資あっ旋用を使用してください。

9 創業後の見通しを立てる

売上高や販売数を予測し、売上原価を算出する

売上高予測と計算方法

　創業計画書には売上高や売上原価などのコスト、そして利益といった今後の事業の見通しを記載する欄があります。金融機関がお金を融資するかどうかを判断する際、貸付先が貸したお金をきちんと返済できるかという点も着目するポイントになります。融資の返済に充てる資金は、貸付先が営業活動によって生み出した利益の中から捻出されます。そのため、今後の事業活動によって、融資したお金の返済に回せるだけの利益が生み出されているかについてもチェックしているのです。

　この事業の見通しの中で、特に重要な項目は**売上高の予測**です。売上高は利益を生み出す源泉であり、売上高の金額が利益の多寡に大きく影響するからです。

　では、今後の売上高はどのようにして予測すればよいのでしょうか。「このくらいあったらいいな」という理想の売上高を記載するだけでは、金融機関にすぐに見抜かれてしまうでしょう。まだ発生していない売上高の予測数値であっても、そこにはきちんとした根拠がなければなりません。売上高の基本的な構成は、〔商品やサービスの単価×販売数〕です。計画の際に定めた商品やサービスの単価に、合理的に予測した販売数量を乗じて計算しましょう。ここで用いる商品やサービスの単価は、創業計画書の「取扱商品やサービス」の欄で記載したものと整合させるようにしましょう。

　なお、取り扱う予定の商品やサービスの種類があまりに多い場合は、いくつかのグループに分けて、それぞれのグループごとに算出した平均単価を売上高予測に用いるという方法もあります。

販売先と回収条件について

　創業計画書には、**販売先**と**回収条件**も記載します。回収条件というのは、掛け売上をした場合において、どのような条件で入金されるのかということについて販売先と取り決め

た内容です。たとえば、毎月20日までの販売した分（20日〆）については翌月末に入金する、といった条件のことです。現金販売であれば、販売と同時に入金も行われるため、このタイムラグを考慮する必要はありません。しかし、掛け取引は一般的な取引方法であるため、この回収条件を無視して資金繰りを予測することは難しいでしょう。たとえ一般消費者相手の小売業であったとしても、クレジットカードで決済が行われる場合は、販売から入金までタイムラグが生じることになるのです。

なお、回収条件は販売先と取り決めるため、販売先によって異なります。そのため、具体的な販売先に基づきそれぞれの回収条件を記載することになります。

販売先及び回収条件を記載することで、販売してから実際に入金されるまでの期間、そしてその間の営業活動で必要になる資金が明らかになってきます。そのため、創業計画書の資金調達の欄に記載する運転資金の金額にも説得力が出てきます。

また、販売先の欄に具体的に見込んでいる顧客名を複数記載できれば、それだけ計画の実行可能性が高いということを示すことにもなります。

裏を返せば、販売見込み先が1社もないのであれば、それだけ計画の実行可能性が低いということを示す結果となってしまい、融資の審査で不利な判断をされてしまうこともあります。

販売数予測について

売上高を計算する際は、商品やサービスの単価に乗ずる**販売数**を算出しなければなりません。前述したように、ここの数量についても、希望的観測ではなく販売方法や事業を取り巻く環境を考慮した方法により算出する必要があります。

一般消費者相手の商売と企業相手の商売で販売形態が異なるように、販売数もそれぞれの販売形態に適した方法で算出する必要があります。たとえば、飲食店の場合であれば、席数に客席の稼働割合及び1日あたりの予想回転数を乗ずることで、1日あたりの販売数を算出することができます。これに1か月あたり又は1年あたりの営業日数を乗ずれば、1か月又は1年あたりの販売数になります。一方で、企業相手の商売の場合は、ヒアリングで把握していたり、仮注文をもらったりしている見込の販売先に基づき販売数を予測し

ます。これらの予測方法の他にも、メルマガの会員などの潜在的な顧客数から顧客に成長する割合を乗じて算出する方法や、商圏内の人口や面積当たりの予想売上高、1人あたりの売上高に基づいて算出する方法などがあります。多くの方法がありますが、事業の販売戦略に沿った方法を吟味して採用するようにしましょう。そして、業績が予想よりも悪い方向に傾いたときも事業を継続できるように、悲観パターンなど、数パターン予測するようにしましょう。

売上原価の計算方法

利益の見通しを算出するためには、売上高からコストを差し引く必要があります。コストの代表的なものは**売上原価**です。売上原価は、商品やサービスを生み出すために直接必要となったコストのことをいいます。

売上原価は、〔1つあたりの売上原価×販売数〕によって計算します。販売数に関しては、前述したものを使用します。

では、1つあたりの売上原価はどのように算出するのでしょうか。自社内で商品を製造する場合は、1つ当たりの材料費、労務費、経費を合計することによって算出します。また、商品を他社から仕入れて販売する場合は、その仕入価格を売上原価とします。取扱商品があまりに多く売上原価の算出が煩雑になってしまう場合は、商品をグループに分け、グループごとの平均的な原価率を売上高に乗ずることで売上原価を算出するという方法もあります。

どんな経費項目があるのか

コストの中には、売上原価以外に経費が含まれています。経費は事業形態によって様々な項目があります。経費の代表的なものとしては、たとえば家賃、支払利息、人件費などがあります。支払利息については、融資などを受けることで返済期日まで利息を借入先へ支払わなければなりません。これらの項目以外にも、電気代などの水道光熱費、保険料、交通費、リース料なども経常的に発生する経費と考えられます。

経費項目の計算方法

人件費の中には、毎月支払う従業員への給料の他、賞与、会社が負担する保険料、定期代などが含まれます。会社を設立する場合は、役員への報酬も人件費の中に含まれます。人件費のうち、給料や賞与について

は予定支給額を使用します。パートやアルバイトを雇う場合は、時間給に予定労働時間を乗ずることでその分の人件費を算出します。また、保険料を算出する際は、給料及びその時の最新の保険料率を反映させるようにしましょう。

　支払利息は、融資額に利率を乗じ、さらに返済までの期間を加味して計算します。融資を受けられるか、またいくら受けられるのかについてはこの段階ではわかりませんが、希望する融資金額により計算します。利率については信用保証協会や日本政策金融公庫のホームページなどに掲載されている最新のものを参考にするようにします。

　経費については、この他にもいくつもの項目が考えられますが、金額的インパクトの大きい経費を漏らさないようにして経費を集計することが大切です。想定よりもコストがかかってしまったということは往々にしてあることです。考えられるあらゆる経費項目をリストアップし、多めに予測するようにしましょう。

収支計画書の作成も必要

　収支計画書とは、創業後の売上高、売上原価などのコスト、そしてそこから生み出される利益の予測を集計して表した表のことです（78ペー

創業後の見通し

A： 売上高（予測）＝ 販売単価 × 販売数量

- 創業計画書の「取扱商品やサービス」の欄で記載した単価と整合させる
- 希望的観測ではなく、販売方法や事業を取り巻く環境を考慮した合理的な方法により算出する

B： 売上原価（予測）＝ 1つ当たりの売上原価 × 販売数量

C： 経費（予測）＝ 家賃、支払利息、人件費、水道光熱費など

利益（予測）＝ A－B－C

ジ）。創業計画書に収支計画書を添付して提出します。収支計画書は、通常は月次ごとの数値を記載し、全体で１年間の予測となるように作成します。ここで作成した収支計画書の数値と、創業計画書の中の１項目である事業の見通しの欄の記載内容が整合するように留意します。基本的な収支計画書の構成は、創業計画書の中の事業の見通しの欄の記載内容と同じです。売上高、そしてコスト項目である売上原価と経費を記載します。経費は構成する項目ごとに発生予定の金額を記載します。また、売上高から売上原価を差し引いた結果である売上総利益、売上総利益からさらに経費合計を差し引いた結果である利益を算出し、これら２種類の利益もそれぞれ月次ごとに記載します。

これらの項目を各月ごとに記載することになりますが、コストは売上高に対応した月に記載することに注意しましょう。そのため、まだ販売されていない商品の仕入代金を仕入れた月に売上原価として計上することはできません。商品が販売され売上高が計上されたときに、その商品にかかる仕入代金などを売上原価として計上します。そのような仕入代金などは、販売され、売上原価として計上されるまでは、在庫として資産に計上されます。機械などの設備の購入費用も同じように考えます。機械が稼働し、商品を製造し、それが販売されることで初めて売上高が計上されます。つまり、機械のような設備は長期にわたって売上高に貢献するものであるため、機械を購入してきた段階ではその購入費用をコストに計上することはできないのです。この場合は、売上高に対応するように、機械の購入費用を各期にわたって按分し計上していきます。これを**減価償却費用**といいます。

なお、在庫のような資産、そして借入金などの負債や資本金などは、収支計画書に記載する必要はありません。収支計画書では、あくまで利益を計算するのに必要な項目を記載します。

このように各月ごとに生み出される利益の予測、及びその利益を生み出す要因を項目ごとに分けて記載した表が収支計画書です（78ページ）。

なぜ収支予測をするのか

融資を行う金融機関からすると、融資金額を無事に返済してもらう必要があります。そのためには、融資

金額を返済できるだけの利益を稼ぎ出す能力のある会社を選別しなければなりません。新規事業でなければ直近の決算書により会社の業績を見て、今後の業績動向を予想することができます。しかし、創業当初の会社は事業活動の実績がないため、収支計画書のような収支予測に基づいて融資の可否を判断しなければなりません。金融機関は創業計画書とともにこの収支計画書を見て、実現可能な数値により収支予測がなされているか、また融資金額を返済できるだけの利益を生み出す能力があるかといった点に注目します。創業当初は赤字になる会社が決して珍しくありませんが、そこから業績を伸ばし融資金額を返済できる収支予測となっていることが大切です。

月次の収支計画（79ページ）を立てることで、月々の売上高や経費、利益などの動きがわかる他、創業から何か月後に黒字になる見込みなのか、いつ頃事業が軌道に乗ってくるのかといったことの予測にも役立ちます。創業当初は実績もないため今後の予測をすることは難しいとも言えますが、今後の収支の計画を立てていくことで、どういったことにどの程度の資金が必要となるのかということも明らかになります。収支計画書は、融資を引き出すための手段であるばかりではなく、今後の経営にとっても必要です。

収支計画書のイメージ

収支計画書の主な記載項目 ⇒ 利益を生み出す要因を項目ごとに記載する		
①	売上高	利益の源となるもの。商品やサービスが販売された月に計上する。
②	売上原価	商品を仕入れた月ではなく、対応する売上高が計上された月に計上する。
③＝①-②	売上総利益	売上高から売上原価を差し引いたもの。
④	経費	光熱費や人件費など、売上原価以外にかかるコストを記載する。設備などの購入費用は、売上高に対応するように各期にわたって按分して計上する。
⑤＝③-④	利益	売上総利益から経費を差し引いたもの。

(※)在庫などの資産や、借入金などの負債、資本金などは、収支計画書に記載しないことに留意する。

書式 収支計画表（年次）

収支計画表

株式会社　星光商事

(単位:千円)

	28 / 3 期予定		29 / 3 期予定		30 / 3 期予定		31 / 3 期予定		32 / 12 期予定	
売　上　高	54,000	(% 100)	66,000	(% 122.2)	74,400	(% 112.7)	75,000	(% 100.8)	76,000	(% 101.3)
売 上 原 価	25,200	(46.7)	30,720	(46.5)	34,650	(46.6)	34,900	(46.5)	35,400	(46.6)
売 上 総 利 益	28,800	(53.3)	35,280	(53.5)	39,800	(53.5)	40,100	(53.5)	40,600	(53.4)
販 売 管 理 費	20,400		21,600		23,530		23,500		23,500	
営 業 利 益	8,400	(15.6)	13,680	(20.7)	16,270	(21.9)	16,600	(22.1)	17,100	(22.5)
営 業 外 収 益	0		0		0		0		0	
営 業 外 費 用	120		96		72		48		24	
（支払利息・割引料）	(120)		(96)		(72)		(48)		(24)	
経 常 利 益	8,280	(15.3)	13,584	(20.6)	16,198	(21.8)	16,552	(22.1)	17,076	(22.5)
特 別 損 益	0		0		0		0		0	
法 人 税 等	2,700		4,500		5,350		5,460		5,650	
a 当期純利益	5,580	(10.3)	9,084	(13.8)	10,848	(14.6)	11,092	(14.8)	11,426	(15.0)
b 減 価 償 却	240		240		240		240		240	
ア 返 済 財 源 (a + b)	5,820		9,324		11,088		11,332		11,666	
イ 借入返済額	1,000		1,000		1,000		1,000		1,000	
財 源 余 力 （ ア － イ ）	4,820		8,324		10,088		10,332		10,666	

書式 収支計画表（月次）

収支計画表

株式会社 星光商事

(単位：千円)

	4月	5月	6月	7月	8月	9月	10月	11月	12月	1月	2月	3月	年間合計
売　上　高	1,700	1,800	5,500	6,500	3,100	3,900	4,200	4,500	4,800	5,600	6,100	6,300	54,000
売　上　原　価	793	840	2,567	3,033	1,447	1,820	1,960	2,100	2,240	2,613	2,847	2,940	25,200
売 上 総 利 益	907	960	2,933	3,467	1,653	2,080	2,240	2,400	2,560	2,987	3,253	3,360	28,800
販 売 管 理 費	1,750	1,730	1,700	1,690	1,690	1,690	1,690	1,700	1,690	1,690	1,690	1,690	20,400
営　業　利　益	△ 843	△ 770	1,233	1,777	△ 37	390	550	700	870	1,297	1,563	1,670	8,400
営 業 外 収 益	0	0	0	0	0	0	0	0	0	0	0	0	0
営 業 外 費 用	10	10	10	10	10	10	10	10	10	10	10	10	120
(支払利息・割引料)	(10)	(10)	(10)	(10)	(10)	(10)	(10)	(10)	(10)	(10)	(10)	(10)	(120)
経　常　利　益	△ 853	△ 780	1,223	1,767	△ 47	380	540	690	860	1,287	1,553	1,660	8,280
特 別 損 益	0	0	0	0	0	0	0	0	0	0	0	0	0
法 人 税 等	0	0	0	0	0	0	0	0	0	0	0	2,700	2,700
a　利　　　益	△ 853	△ 780	1,223	1,767	△ 47	380	540	690	860	1,287	1,553	△ 1,040	5,580
b 減 価 償 却	20	20	20	20	20	20	20	20	20	20	20	20	240
返 済 財 源 (a + b)	△ 833	△ 760	1,243	1,787	△ 27	400	560	710	880	1,307	1,573	△ 1,020	5,820

10 減価償却費について知っておこう

減価償却費は、キャッシュフローを生み出す費用である

開業資金を資産と費用に分ける

開業する際には、たとえば事務所を賃貸するための保証金や机・椅子などの備品、商品の仕入、人を雇った場合は人件費など、先にある程度まとまった資金が必要になります。事業が軌道に乗って、売上があがるまでは、これらの資金は自分で負担しなければなりません。このような、開業のためにまとまって必要な資金のことを**開業準備資金**といいます。

開業準備資金として支出した内容は、大きく「資産」と「費用」の2つに分類することができます。まず、**資産**とは、たとえば車や机、イス、棚など、使用してもすぐになくならないものです。資産の中でも、使用期間が長いものを**固定資産**といいます。車や机、イス、棚なども固定資産に該当します。建物や土地の購入費用は、固定資産の代表例といえます。

費用とは、おもに支出のみで何も残らないものをいいます。電気代、家賃、保険料などは費用に該当します。仕入れた商品は、在庫として残っている部分の金額は**棚卸資産**と呼ばれる資産ですが、販売してしまった部分の金額は**仕入**と呼ばれる費用になります。

開業準備資金に話を戻しますが、資金計画を立てるときにまず開業準備資金を「資産」と「費用」に分けて検討することが重要です。それぞれについて、必要最低限の金額を計算し、余裕があれば、たとえば仕入れる商品の種類を増やす、という具合に計画を立てていくとよいでしょう。

固定資産を購入するための設備資金を分ける

固定資産は、時間の経過とともに価値が減少していくものと、価値が減少しないものに分類することができます。たとえば車の場合、時間の経過に伴って、劣化していき、下取り価格も落ちていきます。このような資産の場合、時間の経過に伴い資産価値を落としていく必要があります。価値の落ちた部分は、収支計画では費用として認識する必要があります。また、時間が経過しても価値

の減少しない資産とは、たとえば土地や有価証券、保証金などです。このような資産の場合、売却して手放すまでは、収支計画上は特に影響しません。

時間の経過とともに価値が減少する資産

時間の経過とともに価値が減少することを**減価**といいます。減価した部分の金額は費用へと変化します。大雑把な説明になりますが、100万円の車が5年でゼロになるとすると、1年でおおよそ20万円ずつ費用が発生するということになります。このように、毎年少しずつ資産の価値を減らして費用にしていくことを**減価償却**といいます。減価償却した部分の費用のことを**減価償却費**といいます。

減価償却費は金融機関にチェックされる

減価償却費は、金融機関も注目するところです。収入から費用を差し引くとどの程度儲けているかという点が、融資をした側にとっては最大の関心ごとではあります。ただし、たとえ儲かっていなかったとしても、貸し付けたお金が返済されればよいわけです。そのため、金融機関は会社のお金の流れと手元にどの程度のお金が残っているかという点についても関心をもっています。このような現金の流れや現金として使うことのできるお金のことを**キャッシュフロー**といいます。

キャッシュフローを判断する際に、金融機関は減価償却費の金額に注目します。なぜなら減価償却費は、すでに支払いの済んだ資産を費用化したものであり、支出の伴わない費用であるからです。つまり減価償却費の分だけ資金が会社内に蓄積されており、減価償却費は、キャッシュフローを生み出す費用であると考えられています。

11 創業融資担当者は創業計画書のどこをチェックするのか

売上、返済能力、やる気が総合的にチェックされる

経営能力や事業計画に無理がないか

　金融機関の創業融資の担当者は、提出された創業計画書に基づき、融資できるかどうか、またいくらまでであれば融資できるかを判断します。創業計画書にはいくつもの項目がありますが、実際に担当者はどこに着目して融資の判断を行うのでしょうか。このポイントを押さえて、創業融資担当者により効果的にアピールできる創業計画書を作成しましょう。

　まず、創業融資の担当者は、創業計画書の内容に無理がないか、つまり、現実的に達成可能な計画となっているかについてチェックします。たとえ、創業計画書上では飛躍的な成長を遂げるといった記載になっていたとしても、その成長に向けた現実的なしくみづくりができておらず机上の空論となってしまっていては意味がありません。このような計画は、創業融資の担当者にすぐに見抜かれてしまいます。

　事業活動を行っていく中では、いくつものプロセスを経て、様々な関係者を巻き込み、そうしてやっと生み出された成果物が顧客の手に渡ることで初めて利益があがります。

　たとえば、ある商品を開発して販売するとなれば、その商品を開発するところから始まり、材料の仕入、加工、販売所までの輸送、販売といったプロセスをたどることになります。その中には、商品の開発者、材料の仕入先、加工する従業員や外注先、商品の運送業者、販売担当者、販売先などといった多くの関係者を巻き込むことになります。これらのうちのどれか1つでも欠けてしまうと、商品を販売し売上をあげることができなくなってしまうのです。

　さらに、販売後の売上債権の回収や従業員の給与計算、経理、総務といった業務をどのように回していくかについても考えておかなければなりません。これらのプロセスは、どんな商売を行うかによって幾通りも考えられるでしょう。事業を行うためのプロセスが綿密に、かつ現実的に考えられており、さらにそのプ

ロセスをたどるための資金繰りについてきちんと計画されていることで、無理のない事業計画といえるのです。これらの内容について問われた場合に具体的に答えられないようでは、事業計画に無理があるものと創業融資の担当者に判断されかねません。

　また、創業融資の担当者は経営能力があるか、という点も融資判断の際に着目します。前述した、事業計画に無理がないかという点と経営能力があるかという点はどちらが欠けてしまってもいけません。両方が認められなければ、創業融資の審査を通ることは難しいでしょう。創業融資の担当者が経営能力の有無を判断する際は、創業の動機や目的、経営者の過去の事業経験、また事業に対してどのように考えているかといった点を見ます。これらの内容は、創業計画書の項目に盛り込まれています。そのため、細かい計画立てばかりではなく、創業に対する強い思いや創業に生かすことのできる過去の経験についてアピールすることも心がけましょう。

本当に売上が見込めるのか

　創業融資の担当者が着目するポイントとして、「創業計画書の内容に無理がないか」「販売するためのしくみをきちんと構築できているのか」といった点がありました。そのしくみの中でも重要なことは、販売先が存在するということです。もし、創業計画書を提出する段階で、既に販売先を確保することができており、いつ商品やサービスを販売するのかという見込みが立っているのであれば、事業計画に現実味が増します。創業融資の担当者が融資の判断を行う際にも、それらの内容が有利に働くことでしょう。販売までのプロセスの中では多くの関係者を巻き込むことになりますが、その中でも最も自らの意思で動かしにくいのが販売先です。商品やサービスに共感し、購入する意思を表示してもらえなければ、正式な顧客とはならないからです。

　創業融資の場合は、基本的に実績がなく創業計画書もあくまで見通しにすぎません。販売先が確保できており、販売時期の見込みがあれば、現実的に売上が立つことを示すことになるので有利です。

返済ができるかどうか

　販売先を確保できており、販売予定時期の見込みがあれば、売上が立

つ可能性は高くなります。しかし、たとえ売上が上がったとしても、借入金の利子の支払いや経費がかさむことでそれ以上にコストがかかってしまえば、利益は生まれないばかりか逆に損失となってしまいます。実際に利益がなければ、融資したお金を返済することはできません。そのため、創業融資の担当者は、利益を稼ぐしくみになっているかどうかについても着目しています。

　融資の担当者が重視する利益の一つとして、**経常利益**があります。経常利益は、会社の経常的な活動から生まれる利益のことです。会社の本業から生み出された利益である営業利益から、借入金の支払利息を差し引いた利益です。売上高に対して経常利益がどの位の割合なのかという点を見ることで、売上高の中から効率的に利益を生み出す能力があるかということを測ります。

　また、税引後の利益、つまり最終的な利益と減価償却費を足し合わせた金額によっても、返済能力は測られます。設備の購入時には、一度に支出が行われるものの、購入費用は長期にわたって按分して計上されます。これが減価償却費です。つまり、減価償却費は実際にはお金の支出のない費用なのです。そのため、最終的な利益と減価償却費の合計は、会社が実際に使うことのできるお金と考えることができます。金融機関では、この金額が融資金額の返済原資になるものと考えます。1年間のこの金額の合計が毎年の融資の返済額以上でなければ、返済が難しいものと判断されてしまうのです。また、この金額に余裕がなければ、将来の成長に向けた新規投資を行うことも難しいため、会社の成長性にも疑問を持たれてしまいます。

やる気をどのようにアピールできるか

　ここまでは、融資を引き出す上で、いかに現実的に、そして緻密に創業計画を練ることが重要であるかということを説明してきました。しかし、融資判断をする際に着眼するポイントは、計画の現実性だけではありません。創業融資の担当者は、事業にかけるやる気が経営者にあるのかについても見ています。とはいっても、単にやる気があることをアピールするだけでは融資担当者からは評価されません。

　では、一体どんなところを見てやる気を評価しているのでしょうか。それは、創業にあたってどれだけの

資金を用意することができたか、つまり自己資金をどれだけ準備できたかという点です。

どんなに創業計画を綿密に作成したとしても、それが必ずうまくいくという保証はありません。創業という性質上、達成可能かどうかという点は特に不確実になりがちです。創業計画通りにはうまくいかず、融資金額を返済できるだけの利益を生み出すことができなくなった場合のことも考えて、金融機関は「経営者がどれだけの資金を用意できているか」「不動産などの処分できる資産をどれだけ保有しているか」「万が一の場合に支援してくれる人が周囲にいるのか」という点も注意して見ています。自ら資金を用意する努力もせずに、はじめから融資頼みの姿勢であれば、事業に対してのやる気もないものとみなされてしまうかもしれません。最終的には、経営者のやる気が融資の決め手になるということも忘れずに押さえておきましょう。

融資する際のチェックポイント

融資判断を行う際の着眼ポイント

①創業計画書の内容に無理がないか	➡ 収益を獲得するためのプロセスが綿密に練られているか
②経営能力があるか	➡ 事業に生かすことのできる経験や知識があるか、事業についてどのように考えているか
③融資金額を返済できるのか	➡ 融資を返済できるだけのキャッシュインが見込まれているか
④経営者にやる気があるのか	➡ 自己資金をどれだけ準備できているか

創業融資の担当者

上記ポイントを総合的に判断して、融資を決定する。

12 制度融資を受ける
制度融資の特徴を理解する

制度融資のメリット、デメリット

制度融資では、各地方自治体と金融機関、信用保証協会の三者が協力し合って、一定の中小企業者に融資を行います。制度融資には、中小企業にとって様々なメリットがあります。

まず、金利が比較的低く設定されています。また、自治体により、利子補給や信用保証料の補助などの優遇措置ある場合もあります。

さらに、制度融資には、**元本据置の猶予期間**という制度があります。これは、資金の少ない中小企業にとって、実は非常に大きなメリットであるといえます。元本据置期間中は、月々の支払いは、金利の分のみでよく、元本を返済する必要がありません。たとえば事業をはじめたばかりであれば、まだ出費の方が多く、お金の出入りが不安定です。たとえば1か月の元本返済額を10万円、据置期間を1年間としますと、1年間で120万円資金に余裕ができることになります。ですから、この猶予期間中に、できるだけ資金繰りを軌道に乗せることが重要であるといえます。ただし、制度融資にもデメリットがあります。制度融資は、日本政策金融公庫の融資と比較すると、融資限度額が少なめであるという点です。また、自治体から民間の金融機関へ預託しているものであるため、対応が厳しくなっています。さらに、制度融資の場合、信用保証協会の審査を受ける必要があるのですが、一般の審査より時間がかかる場合があります。資金の使途や返済能力などについて、厳しくチェックされます。

融資を受けるための要件

制度融資を受けるためには、①中小企業者に該当する、②信用保証協会の対象業種に該当する、③自治体の管轄する地域に事業所等がある、などの一定要件を満たさなければなりません。中小企業者とは、業種ごとに定められた一定規模以内の資本金、従業員数に該当する会社です。たとえば製造業であれば、資本金3億円以下、従業員300人以下の会社

ですし、卸売業であれば資本金1億円以下、従業員100人以下の会社です。一般的な業種はほとんど信用保証協会の対象業種に該当します。

ただし、遊興娯楽業、金融、保険業など、一部の業種については該当しません。手続きを行う前に、まずは、対象となるかどうかを確認する必要があります。

融資内容は自治体によって違う

貸付限度額、利息、保証料の補助の金額は、自治体によって様々です。これは、自治体により政策や財政などの事情が様々であるためです。また、都道府県と市町村で併用することはできません。十分下調べをした上で、最も有利な融資を受けるべきです。

どんな手続きをするのか

制度融資を受ける場合、まずは自治体の担当窓口に相談してみましょう。利用できる融資があることを確認したのであれば、制度融資のあっせん申込を行います。このときに自治体から金融機関へ紹介状を発行してもらえます。この紹介状を金融機関へ持ち込み、いよいよ融資の申込です。なお、金融機関は自分で決めておきます。申込を済ませると、金融機関から審査を受けることになります。

また、金融機関から信用保証協会へ保証の申込を行います。信用保証協会の審査にパスすると、次は金融機関の審査が行われます。一般的には信用保証協会の審査が通れば、金融機関の審査も通り、制度融資を受けることができるという流れになります。

これらの手続きに伴い、創業の計画書など、様々な書類を準備する必要があります。

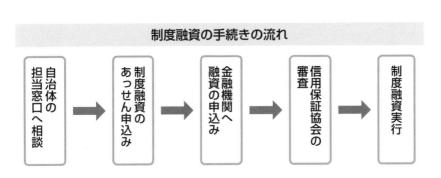

制度融資の手続きの流れ

自治体の担当窓口へ相談 → 制度融資のあっせん申込み → 金融機関へ融資の申込み → 信用保証協会の審査 → 制度融資実行

融資を受けるための書類の書き方

まずは自治体への借入申込書を作成する必要があります。定型のフォームがありますので、自治体の窓口で受け取るか、ホームページからダウンロードをして取り付けます。

次に必要なのが、信用保証協会への提出書類（創業計画書）です。これに、①信用保証委託申込書、②信用保証委託契約書、③個人情報の取扱いに関する同意書、④印鑑登録証明書、⑤所得証明書または課税証明書の５つの書類を添付します。これらの書類以外にも、借り手の状況に応じて、添付書類が求められます。一般的に、法人の場合は下図のような書類が必要になります。会社の場合、直近の試算表などの提出が求められる場合もあります。

・信用保証委託申込書

信用保証委託申込書には、借入の金融機関の名称、希望する金額と返済期間、使途、借入理由等を記入するようになっています。印鑑は実印の押印が必要です。

・その他の書類

保証委託契約書とは、融資を受ける人と信用保証協会との保証契約を交わすための書類です。印鑑は実印を押印します。信用保証契約は、信用保証協会が審査を行い、会社が承認され、金融機関に信用保証書を交付したことにより成立します。信用保証協会所定の個人情報の取扱いに関する同意書の提出も必要です。これは、信用保証協会から関係機関等へ個人情報を提供することへの同意書です。

提出書類のまとめ

自治体への提出書類　借入申込書
信用保証協会への提出書類
　　創業計画書、信用保証委託申込書、信用保証委託契約書、個人情報の取扱いに関する同意書、印鑑登録証明書、所得証明書又は課税証明書
その他内容に応じて必要な添付書類
・会社の登記事項証明書の写し・定款の写し・直近の試算表等
・勤め先の会社の源泉徴収票・事業に必要な許認可書・各種資格の証明書
・設備資金の借入れ　購入予定設備の見積書や請求書
・不動産を保有　不動産の登記事項証明書の写し
・自己資金を証明する書類　預金通帳や有価証券取引通知書の写しなど

書式 信用保証委託申込書

信用保証委託申込書

(平成)／西暦　27 年 4 月 10 日
(どちらかに○をしてください)

東京信用保証協会　行
次のとおり借入したいので、信用保証をお願いします。

※当申込書は必ず本人が自署のうえ、実印を押印願います。

申込人	フリガナ	カブシキガイシャ ホシミツショウジ	本社または住所	〒150-0000　Tel(03)0000-0000
	法人名	株式会社 星光商事		フリガナ トウキョウトシブヤク××5-2-1
	フリガナ	ダイヒョウトリシマリヤク ホシ ミツオ		東京都渋谷区××五丁目2番1号
	氏名または代表者名	代表取締役 星 光男　㊞　①男 2女	営業所または工場等	〒□□□-□□□□　Tel( ) フリガナ　同上
	フリガナ商号(個人の方のみ記入)			
	組織	1 個人 ②株式 3 有限 4 合名 5 合資 6 合同 7 士業法人 8 組合 9 医療法人 10 その他法人		
	資本金	10,000,000円	従業員	常用(役員・家族除く) 3名／常用(役員・家族) 名／臨時(パート含む) 2名
	後継者	①無 2有		生年月日または設立年月日 西暦 明 大 昭 ㊢　27年 6月 1日
	業種	(主たる業種) 不動産業／(従たる業種) ビルメンテナンス業		取扱品目(%で表示) 不動産業 85% ／ ビルメンテナンス業 15%
	会計処理	①中小企業会計に準拠　2 非準拠		(個人事業主の方)貸借対照表作成の有無　1 無 2 有
	許認可等	1 不要／②有　(当該事業に係る許認可証等を取得し、適法に事業を営んでいることを宣誓いたします)		

申込内容							
	金融機関	○○銀行　(　渋谷　本・支店)		期間または期日	60 か月 年 月 日	返済方法	1 一括 ②分割
	借入金額(極度)	5,000,000 円	資金使途	1 運転資金 600千円 2 設備資金 4,400千円		保証料分納希望	①無 2有
	調達方法	本件 5,000 千円／他借入 千円／自己資金 10,000 千円／その他 千円／合計 15,000 千円	必要理由	※本件借入に伴う資金は今回申込に係る事業以外の目的で使用いたしません／事業所入居時の保証金 600千円／車両購入費用 2,400千円／パソコン等の事務用品購入費用 1,400千円／事業が軌道に乗るまでに必要な運転資金 7,400千円／改装費 3,200千円			

業況等	最近12か月の売上	/ 千円	/ 千円	/ 千円	申込時預金・借入金残高	(預金) 千円
		/ 千円	/ 千円	/ 千円		(借入金) 千円
		/ 千円	/ 千円	/ 千円		※非事業性の借入金は除きます
		/ 千円	/ 千円	/ 千円	納税状況	①滞納なし 2 滞納あり

※ 別添資料がある場合には記入不要です。なお、申込時預金・借入金残高欄は個人事業主の方で貸借対照表を未作成の場合にご記入願います。

他協会の保証利用	①無 2有　(　信用保証協会　／　信用保証協会　)
団信加入希望	保証協会団体信用生命保険(略称「保証協会団信」)／加入希望の有無 1 無 ②有

※「保証協会団信」の加入の有無と、保証の諾否・金額査定はまったく関係ありません。

2001
(19.4改)

書式　信用保証委託契約書

信用保証委託契約書　　お客様（控）

東京信用保証協会　行　　平成／西暦　27年 4月 10日
※委託者・連帯保証人欄は必ず本人が自署のうえ、実印を押印願います　　※必ず日付をご記入願います

委託者	本社または住所	東京都渋谷区〇〇五丁目2番1号
	法人名（フリガナ　カブシキガイシャ　ホシミツショウジ）	株式会社　星光商事
	氏名または代表者名（フリガナ　ホシ　ミツオ）	星　光男　（印）

連帯保証人	住所	東京都新宿区××七丁目3番2号
	氏名（フリガナ　ホシ　ミツオ）	星　光男　（印）

連帯保証人	住所	
	氏名（フリガナ）	（印）

連帯保証人	住所	
	氏名（フリガナ）	（印）

貴協会に信用保証協会法第20条に基づく信用保証を委託するについて、委託者および保証人は、次の借入要項および各条項を確約します。
なお、本契約は貴協会が保証を承諾し、金融機関に信用保証書を交付した日をもって成立するものとします。

[借 入 要 項]

金融機関名	〇〇銀行　　（　　渋谷　　）支店
借入形式（該当項目を○で囲んでください）	①証書貸付　2 手形貸付（イ 個別　□ 極度）　3 手形割引（イ 個別　□ 極度）　4 当座貸越（イ 貸付専用型　□ 事業者カードローン）　5 電子記録債権割引（イ 個別　□ 極度（手形・電子記録債権両方の割引を含む））　貴協会の審査により借入形式が変更された場合は、その借入形式を承認します。
借入金額	金　5000000　円（借入形式が2・3・5の□および4の場合は極度額）　貴協会の審査により減額決定された場合は、その決定された金額を借入金額といたします。

（契約条項裏面）

書式　個人情報の取扱いに関する同意書

お客様（控）

個人情報の取扱いに関する同意書

 27年 4月10日

東京信用保証協会　行

住所　東京都新宿区××七丁目3番2号

氏名　星　光男　㊞

私は、貴協会の保証を利用するにあたり、以下の事項について同意いたします。
① 信用保証業務及びこれに付随する業務の適切な運営の遂行のため、貴協会が下記に掲げる私に関する個人情報等を下記目的のために必要な範囲で利用すること
② 貴協会が裏面に掲げる私に関する個人情報（過去のものを含む）を裏面に掲げる利用目的のために必要な範囲で、裏面に掲げる者との間で授受すること
③ 保証申込が不承諾もしくは取り下げとなった場合、または担保・保証人の差し替えがあった場合でも、貴協会が引き続き私に関する個人情報を利用すること

記

個人情報の取扱いについて

東京信用保証協会

当協会は、個人情報の利用に関し、以下に掲げる事項を遵守いたします。
① 個人情報の保護に関する法律（平成15年5月30日法律第57号）に基づき、以下に掲げるお客様の個人情報等を、信用保証業務及びこれに付随する業務並びに以下の目的の達成に必要な範囲で利用すること
② お客様の本籍地等の業務上知り得た公表されていない情報を、適切な業務の運営の確保その他必要と認められる目的以外の目的のために利用しないこと

＜個人情報＞
① 氏名・住所・連絡先・家族に関する情報、決算・税務申告に関する情報、他の信用保証協会利用状況、返戻保証料振込口座等、相談時に提出頂く書類、保証委託申込書・条件変更申込書並びに申込時及び申込後提出頂く書類に記載されたすべての情報
② 就業状況・収入・負債額・資産保有状況・住民票記載事項・相続人に関する情報等、求償権の行使に必要な情報

＜利用目的＞
① 経営・金融・各種制度利用の相談の受付及び各種保証制度利用のご提案
② 保証申込・条件変更申込の受付、審査、決定
③ 保証利用資格の確認及び保証取引の継続的な管理
④ 法令等や契約上の権利の行使や義務の履行
⑤ 取引上必要な各種郵便物の送付
⑥ 信用保険・損失補償契約の相手方に提供する場合等、適切な業務の遂行に必要な範囲での第三者提供
⑦ 市場調査及びデータ分析並びにアンケート等の実施
⑧ 保証料率・保険料率の算定及び保証料の返戻
⑨ 求償権の行使
⑩ その他中小企業金融及び信用補完制度の適正な運営

以　上

13 日本政策金融公庫の公庫融資を受ける

政策により、中小企業支援を積極的に行っている

どんなメリットがあるのか

日本政策金融公庫とは、株式の100％を国が保有しており、民間の金融機関を補完する存在です。国の政策の下、中小企業の支援を推進していますので、中小企業向けの長期事業資金の融資や、小口の事業資金融資、創業支援、地域活性化支援なども積極的に行っています。

民間の金融機関になかなか融資をしてもらえない中小企業にとっては、強い味方だといえます。

日本政策金融公庫を利用するメリットについて見ていきましょう。まず、開業時でも、開業資金の融資が受けやすいという点があります。民間の金融機関より新規事業者に対するノウハウが豊富であり、創業支援も積極的に行っているため、開業したばかりの実績のない会社でも容易に融資を受けることができます。

次に、比較的金利が低いという点があります。これは、融資の種類により比較的低い金利が一律に決まっているからです。

また、民間の金融機関のような変動金利ではなく、固定金利で借りることができるという点や、最長20年までという、長期間での融資を受けることができるという点も魅力です。

さらに、日本政策金融公庫の場合、無担保・無保証で借りることができます。民間の金融機関では代表取締役の保証や資産の担保をとられてしまう場合がほとんどで、無担保・無保証での融資は非常に困難です。信用保証協会なども介さないため、信用保証料がかかりません。

融資対象の業種

日本政策金融公庫の融資を受けることができるのは、一定の判断基準に該当する会社のみです。この一定の判断基準をクリアする会社を中小企業者といいますが、会社業種や規模などが決まっています。たとえば製造業・建設業・運輸業の場合、資本金3億円以下で従業員300人以下です。卸売業の場合、資本金1億円以下で従業員100人以下です。小売

業の場合、資本金5000万円以下で従業員50人以下です。サービス業の場合、資本金5000万円以下で従業員100人以下です。個人で事業を営んでいる場合には、従業員数で決まります。

また、融資の対象とならない業種もありますので注意が必要です。たとえば、農業・林業・漁業・金融業・不動産業のうち住宅及び住宅用土地の賃貸業・風俗営業などです。

様々な融資制度がある

日本政策金融公庫には、実に多くの種類の融資制度があります。国民生活事業（国民一般向けの事業）、

おもな創業融資制度（国民生活事業）

融資制度	概要	融資限度額
新企業育成貸付		
新規開業資金	事業を始める方又は開業後7年以内	7200万円（運転資金4800万円）
女性、若者／シニア起業家支援資金	女性または30歳未満か55歳以上の新たに事業を始める方又は開業後概ね7年以内	7200万円（運転資金4800万円）
再挑戦支援資金（再チャレンジ支援融資）	廃業歴等のある方などで、新たに事業を始める方又は事業開始後おおむね7年以内	7200万円（運転資金4800万円）
新事業活動促進資金	経営多角化による第二創業等を図る方	7200万円（運転資金4800万円）
中小企業経営力強化資金	新分野開拓の事業計画を策定し、外部専門家の指導や助言を受けている方	7200万円（運転資金4800万円）※2000万円までは無担保・無保証が可能
その他の融資制度		
新創業融資制度	新たに事業を始める方又は事業開始後の税務申告を2期終えていない方	3000万円（運転資金1500万円）
創業支援融資貸付利率特例制度（創業者の方の利率を0.2〜0.3%低減する制度）	新たに事業を始める方及び事業を開始して1年以内の方	各融資制度における融資限度額
挑戦支援資本強化特例制度(資本制ローン)	創業・新事業展開・海外展開・事業再生等に取り組む小規模事業者等で、地域経済の活性化のために貢献する事業などに取り組む方	4000万円

中小企業事業(中小企業者向けの事業)におけるおもな融資制度は93、94ページの図の通りです。

たとえば、国民生活事業の融資制度には普通貸付の他にセーフティネット貸付け、企業活力強化貸付、企業再生貸付、新企業育成貸付などがあります。新企業育成貸付の中にも、図のようにさまざまな種類の融資があります。

それぞれ利用できる対象や融資期間及び限度額が異なります。自分の状況に最も適した融資をよく検討した上で受けるとよいでしょう。

新規開業資金とは

新規開業資金とは、新たに事業を始める人や、開業して7年以内の会社などを対象として、限度枠7200万円以内までの資金について、運転資金は5年以内、設備資金は15年以内で借りることができるというものです。限度額は大きく、金利も低めに設定されていますが、保証人や担保

おもな創業融資制度(中小企業事業)

新企業育成貸付		
新事業育成資金	新規性、成長性のある事業(概ね7年以内)	6億円
女性、若者／シニア起業家支援資金	女性または30歳未満か55歳以上の新たに事業を始める方又は起業後概ね7年以内	7億2000万円 (運転資金2億5000万円)
再挑戦支援資金(再チャレンジ支援融資)	廃業歴等のある方などで、新たに事業を始める方又は事業開始後おおむね7年以内	7億2000万円 (運転資金2億5000万円) 別枠3億円
新事業活動促進資金	「経営革新計画」の認定を受けた、「新連携計画」の認定を受けたプロジェクトに係る連携体を構成、経営多角化等の第二創業を図る方など	7億2000万円 (運転資金2億5000万円)
中小企業経営力強化資金	新事業分野の開拓のために事業計画を策定し、外部専門家の指導や助言を受けている方	7億2000万円 (運転資金2億5000万円)
その他の融資制度		
挑戦支援資本強化特例制度(資本制ローン)	直接貸付において新企業育成貸付・企業再生貸付等を利用し、地域経済の活性化のために貢献する等一定の事業に取り組む方。	3億円

については、窓口での相談になります。

新創業融資制度

新創業融資制度とは、国民生活事業のうちの1つです。新たに事業を始める人や、事業を開始して間もない会社でも、無担保・無保証人で利用することができる融資です。創業の対象となるのは、新たに事業を始める会社や、事業開始後の税務申告を2期分終えていない会社です。無担保である代わりに、融資の限度額が3000万円以内と低く、金利が少し高めに設定されています。

どんな書類を作成するのか

日本政策金融公庫の融資を受けるためには、借入申込書、創業計画書、源泉徴収票や確定申告書など前年度の収入がわかる書類、身分を証明するもの、会社の登記事項証明書の写しが、最低限そろえるべき書類です。これらの他に、会社の場合は定款の写し、公共料金や給与の支払先である個人名義の預金通帳、設備の購入であれば購入予定の設備等の見積書、不動産を保有していれば不動産登記事項証明書、営業許可や資格などの証明書印鑑証明書、印鑑証明、企業概況書など、内容に応じて必要な書類があります。提出書類に関しては、制度融資とほぼ同じものであるといえます。

新規開業制度の概要

資金の使途 新たに事業を始めるため又は事業開始後に使用するため	
融資を利用するための要件　以下のすべてを満たすこと ・現在の勤め先の会社と同じ業種の事業を始める方で、勤め先の会社に継続して6年以上勤めている方等 ・雇用の創出を伴う事業を始める方 ・その他一定の事業を始めた方で事業開始後おおむね7年以内の方　など	
返済期間　設備資金	15年以内（特に必要な場合20年以内） うち据置期間3年以内
運転資金	5年以内（特に必要な場合7年以内） うち据置期間6ヵ月以内（特に必要な場合1年以内）
保証人・担保　希望を聞きながら相談	
※使途・返済期間・担保の有無等により異なる利率が適用	

・借入申込書の作成

　借入申込書（97ページ）には、借入希望金額、希望の段階で大丈夫ですが返済期間、融資実行日などを記入します。返済期間については、運転資金の場合は5年、設備資金のみの場合には7年と記入します。据置期間は12か月と記入します。返済の見込みがあるのであれば、「据置なし」を選択します。使途については、設備資金と運転資金は区別するように注意しましょう。その他必要事項はすべて記入します。

・企業概要書の作成

　日本政策金融公庫を初めて利用するときには、企業概要書（98ページ）を作成します。事業の内容・営業開始時間、取扱商品などを記入します。創業融資の場合では、創業計画書で代用することが可能です。

　企業概要書の中でも、「事業の経験等」欄は重要視されますので、事業への動機や意気込みをしっかり伝える必要があります。「商品の特徴やセールスポイントなど」「商売の今後の展望や経営課題など」の欄もアピールポイントですから、書き方には工夫が必要です。自社商品の特徴や将来の経営計画をよく分析した上で記入するようにしましょう。

　なお、個人経営からいわゆる法人成りをした場合、創業融資としては取り扱われません。ただし個人事業者であった時の評価によって、創業融資より有利な借入を行うことができる場合もあります。

新創業融資制度の概要

資金の使途 事業開始時又は事業開始後に使用するため
融資を利用するための要件　以下のすべてを満たすこと ・創業の要件（新たに事業を始める又は事業開始後税務申告が2期以内） ・雇用創出、経済活性化、勤務経験または修得技能の要件 ・自己資金の要件（事業開始前又は開始後で税務申告を終えていない場合は、創業時において創業資金総額の10分の1以上の自己資金を確認できる方等）
返済期間　各種融資制度で定めるご返済期間以内
保証人・担保　原則不要
※「新創業融資制度」は、新規開業資金・女性、若者／シニア企業家支援資金など、一定の融資制度を利用する場合に取り扱われる無担保・無保証人の特例措置である

書式　借入申込書

（以下、借入申込書の内容を記載）

借入申込書
（普通貸付・特別貸付・生活衛生貸付用）
株式会社日本政策金融公庫
（国民生活事業）

借入申込書は、裏面の「公庫におけるお客さまの情報の取扱いに関する同意事項」にご同意のうえ、ご記入ください。

法人名・商号（屋号） フリガナ	カブシキガイシャ ホシミツショウジ
法人名・商号	株式会社 星光商事
個人事業主の方・法人代表者の方のお名前 フリガナ	ホシ　ミツオ
お名前	星　光男
性別	男
生年月日	昭和57年8月8日
お申込金額	500万円
お借入希望日	5月10日
ご希望の返済期間	5年（うち据置期間 12ヵ月）

〒150-0000　☎（03）-（0000）-（0000）
本店所在地　トウキョウトシブヤク○○5-2-1
東京都渋谷区○○五丁目2番1号　所有・借用

〒（営業所所在地）同上　所有・借用

〒160-0000　☎（03）-（0000）-（0000）
お申込人または法人代表者の方のご住所　トウキョウトシンジュクク××7-3-2
東京都新宿区××七丁目3番2号　所有・借用

携帯電話　お申込人・代表者（090）-（0000）-（0000）

パソコンEメールアドレス　hoshimitsu_shoji@○○○.com

創業年月　明・大・昭・平　27年6月　創業予定
業種　不動産業　従業員数　5人

続柄	お名前	年齢	ご職業・学年
妻	星光 ひかり	28	自営業
長男	星光 武	2	

資金のお使いみち

運転資金　60万円　設備資金　440万円

（該当する項目に○を付けてください。）
(1) 商品、材料仕入　(1) 店舗・工場
(2) 買掛、手形決済　(2) 土地
(3) 諸経費支払　(3) 機械設備
(4) その他　(4) 車両
　　　　　　　(5) その他

当公庫とのお取引　有・最新のお取引番号（　）・無

Eメール配信　希望する（チェック欄）

（注）原則として他の金融機関の借入金のお借替えにはご利用いただけません。

次のいずれかをご選択ください

保証・担保の条件について、次のA・Bのいずれかを選択していただき、チェック欄口に✓印をお付けください。
また、法人のお客さまで経営者保証の免除をご希望される方はCのチェック欄口に✓印をお付けください。
（選択された内容により、適用される利率が異なります。）
他にも無担保・無保証人の制度はございますので、くわしくは公庫の窓口までお問い合わせください。

A 担保の提供を希望しない。
- 新たに事業を始める方　税務申告を2期終えていない方　**新創業融資制度（注1）**　＜無担保・無保証人（原則）＞
- 税務申告を2期以上行っている方　担保を不要とする融資（注2）　〈法人：無担保・代表者保証（原則）〉　〈個人：無担保・無保証人（原則）〉
チェック欄　✓

B 不動産等の担保の提供などを希望する。
- (根) 抵当権の設定等の手続きが必要です。
チェック欄

C 「経営者保証免除特例制度」の各要件に該当し、法人代表者の方の連帯保証を免除できる制度を希望する。
・税務申告を2期以上行っていること、公庫とのお取引が1年以上あること、「中小企業の会計に関する指針」またほ「中小企業の会計に関する基本要領」を適用していること、法人・個人の一体性の解消が図られていること、（認定経営革新等支援機関等の外部専門家による検証を受けることが必要です。）等、一定の要件がございます。
・当該制度を適用する場合、一定の利率が上乗せされます。
チェック欄

（注1）原則、無担保無保証人の制度です。代表者個人には責任は一切及ばないものとなっております。お客様がご希望される場合は、代表者が連帯保証人となることも可能です。その場合は金利が0.1％低減されます。
（注2）これまでの事業実績や事業内容を確認するほか、所得税等を原則として完納していることを確認させていただきます。

法人代表者の方で経営者保証免除特例制度を希望されない場合は裏面の「連帯保証に関するご案内」を必ずお読みください。

書式 企業概要書

企 業 概 要 書

〔平成 27 年 4 月 20 日作成〕

お名前　株式会社　星光商事

1　企業の沿革・経営者の略歴等

現在地での営業開始時期	□明治　□大正　□昭和　☑平成　27 年　6 月	公庫処理欄

企業の沿革

年　月	内　　　　容
平成27年6月	当社設立予定

経営者の略歴

平成18年4月	○○不動産投資顧問株式会社に入社する。約5年間勤務し、開発事業、マネジメント事業に携わりながら、不動産投資事業を学ぶ。
平成23年6月	株式会社○○に入社する。約4年間勤務し、都内物件を主とした賃貸仲介業務、売買仲介業務を学ぶ。また、不動産事業に関するセミナーにも定期的に参加し、最新の不動産賃貸市場の動向等に関する知識の習得も行っている。

過 去 の 事 業 経 験	☑事業を経営していたことはない。 □事業を経営していたことがあり、現在もその事業を続けている。 □事業を経営していたことがあるが、既にその事業をやめている。 　（⇒やめた時期：　　　年　　　月）
取 得 資 格	□特になし　☑有　（宅地建物取引士　　　　　　　　　　）
実際経営者	☑お申込人又は法人代表者　□その他（　　　　　　　　　　）
後継（予定）者	☑未定　□（名前：　　　　　　　関係：　　　　　　　）
許 認 可 等	□特になし　☑有　（不動産業　　　　　　　　　　　　　）
知的財産権等	☑特になし　□有　（　　　　　　　　　□申請中　□登録済　）

2　従業員

常勤役員の人数（法人の方のみ）	3 人	従業員数（うち家族）	（　　　人）人	パート・アルバイト	2 人

3　関連企業（お申込人若しくは法人代表者又は配偶者の方がご経営されている企業がある場合にご記入ください。）

関連企業①	企業名	
	代表者名	
	所在地	
	業務内容	
関連企業②	企業名	
	代表者名	
	所在地	
	業務内容	

4　お借入の状況（法人の場合、代表者の方のお借入れ）

お借入先名	お使いみち	お借入残高	年間返済額
○○銀行	□事業　☑住宅　□車　□教育　□カード　□その他	2,000 万円	180 万円
	□事業　□住宅　□車　□教育　□カード　□その他	万円	万円
	□事業　□住宅　□車　□教育　□カード　□その他	万円	万円
	□事業　□住宅　□車　□教育　□カード　□その他	万円	万円

☆ この書類は、ご面談にかかる時間を短縮するために利用させていただきます。
  なお、本書類はお返しできませんので、あらかじめご了承ください。
☆ お手数ですが、可能な範囲でご記入いただき、借入申込書に添えてご提出ください。
☆ 企業内容が分かる資料（パンフレット等）がございましたら、併せてご提出ください。資料に記載されている項目につきましては、ご記入を省略いただいて結構です。

5 取扱商品・サービス

取扱商品サービスの内容			公庫処理欄
	① 不動産の仲介及び管理	（売上シェア 65 %）	
	② 不動産の売買及び賃貸	（売上シェア 20 %）	
	③ その他（貸会場の経営やビルメンテナンスなど）	（売上シェア 15 %）	
	④	（売上シェア %）	
セールスポイント	中目黒、広尾、代々木上原といった都内高級住宅街の物件に特化しているため、該当地区において充実した物件を抱え、豊富な地域データを有している。そのため、これらの地区に物件を探している顧客に対し、他社よりも充実した物件情報を提供することができる。		
経営課題	・ターゲットとなる顧客に対する当社取扱物件の周知徹底 ・優秀な営業担当者の確保		
経営方針	・ホームページやインターネット上の広告ツールも用いて広く当社及び取扱物件の宣伝を行う。広告宣伝の際は、高級感のあるイメージで統一する。 ・徹底した情報収集により他社と差別化し、宣伝の際のアピールポイントとする。		

☆ セールスポイント、経営課題及び経営方針につきましては、国内取引、海外取引を問わず、ご記入ください。

6 取引先・取引関係等

	取引先名（所在地等）	フリガナ	取引年数シェア	掛取引の割合	うち手形割合 手形のサイト	回収・支払の条件	公庫処理欄
販売先	一般個人（　　）		80 年%	50 %	% 日	末 日〆 翌15 日回収	
	株式会社○○（　　）		15 年%	100 %	% 日	25 日〆 翌々月末 日回収	
	株式会社○○（　　）		5 年%	50 %	% 日	20 日〆 翌20 日回収	
	ほか　　社		年%	%	% 日	日〆 日回収	
仕入先	○○株式会社（　　）		40 年%	70 %	% 日	末 日〆 翌月末 日支払	
	一般個人（　　）		30 年%	80 %	% 日	20 日〆 翌20 日支払	
	株式会社○○（　　）		30 年%	70 %	% 日	末 日〆 翌月末 日支払	
	ほか　1社		30 %	70 %	% 日	末 日〆 翌月末 日支払	
外注先	○○建装株式会社（　　）		100 年%	100 %	% 日	末 日〆 翌20 日支払	
	（　　）		年%	%	% 日	日〆 日支払	
	ほか　　社		%	%	% 日	日〆 日支払	

人件費の支払　末　日〆　翌20　日支払　（ボーナスの支給月　　月、　　月）

（日本政策金融公庫　国民生活事業）

14 補助金について知っておこう

随時公表される補助金制度の最新情報をチェックする

補助金とは

補助金とは、国や地方公共団体が交付する、返済の必要がないお金のことです。補助金は創業支援や、地域経済や特定事業の強化支援など、政策的な目的で交付されます。そのため交付したお金を返済させることは政策目的にそぐわないため、返済する必要はないのです。

誰でももらえるのか

補助金は一定の要件に合致した企業や個人等だけが受給の申請をすることができます。役所などから一定額の金銭を受給できる制度としては他に「助成金」がありますが、助成金は一定の要件さえ満たせば申請すると必ず助成金を受給できます。この点で補助金と助成金は大きく性質が異なります。そのため、一定の要件をクリアできるかどうかが重要です。

補助金は予算が決まっており、その予算内で交付されます。そのため、申請があれば誰に対しても交付するというわけにはいかず、補助金制度の趣旨に沿った者だけが補助金を受給できるように要件を定めているのです。この要件は補助金の種類によって異なります。

要件に合致した申請者は補助金の審査機関に対して受給申請の申込をします。そして申込を受理した審査機関が申請内容を審査し、その補助金制度の趣旨により合致すると思われる申請者だけが補助金交付の対象者となります。

経営革新等支援機関のチェックを受ける

補助金制度を申請する際には事業内容を説明した書類や、「こんな事業を計画しているために補助金が必要です」といった内容を記載した事業計画書の提出が必要になるケースがほとんどです。このような申請書類の作成は慣れない作業であるため、申請する側にとっては一から作成する場合には大変苦労します。このような点を考慮し、補助金制度の多くは、国が認定した**経営革新等支援機関**と一緒に取り組むことを条件とし

ています。

経営革新等支援機関は簡単にいえば、補助金申請から事業計画期間中の進捗確認、最終的な補助金受給までをサポートしてもらえる第三者機関です。認定支援機関とも呼ばれ、公認会計士や税理士等の専門家で国から認定された会社等です。

経営革新等支援機関は補助金制度に精通していますので、申請がなるべく通るようにできる限りのアドバイスをしてもらえますし、事業計画期間中も事業の進捗に関する相談やアドバイスを受けることができます。

どのような手続きをするのか

補助金制度の手続きとしては、まずは事業に合致しそうな補助金を見つけることがスタートです。各補助金には申請書の提出期限がありますので、期限までに申請書類を各地域の事務局へ提出します。審査を経て補助金の交付決定がされると、いよいよ補助事業が開始します。定期的に進捗状況の報告書を事務局へ提出し、事務局の中間監査に対応したりします。そして申請時に記載した事業完了期限までに補助事業の実績報告書を事務局へ提出し、事務局の最終審査が行われます。この最終審査を経て補助金額が確定し、実際に補助金が申請者へ交付されます。補助事業によってはその後も事業報告をする場合もあります。なお、補助金はあくまで事業完了の実績報告がなされ、最終審査が通ってから交付されるという点は注意しましょう。

補助金は沢山ある

補助金は、ものづくり補助金や省エネルギー設備導入補助金など、その種類は3000種ともいわれています。中小企業庁のホームページなどインターネットで情報を得ることができます。その中でも、創業促進補助金は新たに創業（第二創業も含みます）することで地域、そして国の活性化に貢献しようとする人を支援する目的で制度化されています。

創業促進補助金の対象者

創業促進補助金はまさしくこれから創業しようとする個人や、中小企業・小規模事業者を対象としています。また第二創業、つまり事業承継を契機に既存の事業を廃止し、新たな分野に挑戦しようとする場合における、個人事業主や中小企業等が対象になっています。

創業促進補助金の支援内容

創業促進補助金は創業時等に要する経費の一部が補助されます。たとえば店舗を借りる際の費用や設備費用、人件費や調査費用などがあります。第二創業についてはこれらの他に既存の事業を廃業登記する費用や在庫品の処分費用なども含まれます。

補助される金額は上限が決まっています。平成27年3月募集の創業促進補助金の場合、補助率は3分の2で最高200万円（第二創業は1000万円）までです。

他の補助金と同様に創業促進補助金も、補助事業を実施し、最終的な審査が通って初めて受給できます。補助率と上限額から計算しますと、仮に上限額200万円の補助を受けようとすると、自己資金として100万円は必ず必要です。また補助金が受給できるまでのつなぎ資金として200万円をいったん持ち出すことになります。

申請に必要な書類

創業促進補助金の申請には、募集期限までに地域の事務局に対し必要書類を提出しなければなりません。この必要書類は申請者側で作成するものと、認定支援機関の方で作成するものがあります。

申請者側で作成する書類としては事業計画書（様式1、様式2）があります。また印鑑証明書や登記事項証明書、直近の確定申告書などがあります。認定支援機関が作成する書

申請に必要な書類

● **申請者が作成**
　事業計画書　様式1・様式2
　履歴事項全部証明書（3か月以内に発行されたもの）
　直近の確定申告書
　印鑑証明書・補足資料
　各提出書式をデータ保存した媒体　など

● **認定支援機関が作成**
　認定支援機関支援確認書
　認定支援機関・金融機関の連携に関する覚書等の写し
　認定支援通知書の写し　など

類としては支援確認書や認定通知書などがあります。

様式1の書き方とポイント

申請者側で作成する事業計画書の様式1と様式2について、その書き方を見ていきましょう。

様式1とは、創業しようとする事業を具体的に説明し、その事業が地域や国の活性化にどう結び付くのかをアピールする書類です。①事業テーマ名、②事業計画の骨子、③補助金交付希望額、④補助事業期間を具体的に記載していきます。

① 事業テーマ名

誰が見ても事業の内容をイメージしやすいように記載します。文字数は30字程度ですので、あまり冗長な説明にならないよう、かつシンプルすぎて抽象的にならないように気をつけましょう。「○○製造業」といった記載はNGです。

② 事業計画の骨子

事業テーマに掲げた内容を実現するために、実際にどう事業を進めていこうと考えているのかを、やはり具体的に100字程度で記載します。あくまで読むのは審査員です。専門用語的なカタカナ表現はできる限り避けた方がよいでしょう。

なお、事業計画の骨子で記載した内容を要約して、事業テーマの内容とすれば、事業テーマから事業計画の骨子までの流れがスムーズな文章構成になります。

③ 補助金交付希望額

事業計画書様式2で記載する経費明細書から決まってきますので後述します。

④ 補助事業期間

事業完了予定日を記載します。各年度の創業促進補助金が公募される際には補助事業の期間が決まっています。その期間の最終日までの間の日時を記載します。

様式2の書き方とポイント

事業計画書様式2では、様式1で記載した事業内容に基づいた、より詳細な計画を、大きく分けて7項目記載します。売上や経費といった数字的な記載はもちろん、この事業を行うことを決断するに至ったきっかけや情報、データや知識も記載します。ただし何よりも重要なことは、事業を進めて地域や国の活性化を促す一翼を担っていこうとする熱意を伝えることでしょう。以下、その7項目について順に確認していきましょう。

① 事業の具体的な内容

　商品の強みとターゲットユーザー、そのターゲットユーザーと商品を結び付けていくアプローチの手法などを記載していきます。創業を決意したわけですから当然、すでに世の中にありふれた商品を販売するつもりはないでしょう。ですから、その商品が持つ他にはない特性を記載し、それが地域と国の活性化にどうつながりえるのか、という点をアピールしましょう。

② 事業を始めるに至ったきっかけと事業の将来像

　事業を始めようと考えた背景には、現状の不便性や不満足感、需給バランスの不均衡などを感じ、変えなければいけないと思って創業を決意したかもしれません。その思いを素直に、熱意を込めて記載しましょう。

③ 事業の知識や経験、人脈

　ここでは、事業を進めるに際してサポートしてもらえる環境がすでに構築できていることや、自分自身でなければこの事業を成功させられないという、自身が持つ知識や経験をアピールします。

④ 資金計画

　様式1で記載した事業完了日までに必要となる資金を網羅的に記載します。記載するにあたっては、事業を開始するためにそろえなければならない設備にかかる資金と、事業を継続させていく中で必要となる運転資金を分けて記載します。そして設備資金と運転資金の合計資金をどういう手段で調達していくかについても、調達の方法によって分けて記載します。金融機関からの借入などを記載することになりますが、補助金交付希望額も書き忘れないようにしましょう。

⑤ 事業スケジュール

　向こう3年にわたる年度計画を記載します。各年度の具体的な取り組みを箇条書きにしてまとめます。すでに申請時点で実行している取り組みも初年度の計画として記載してかまいません。計画とはいえ具体的に記載することが重要です。

⑥ 売上と利益の計画

　3年分記載します。まずは売上の計画を立てます。そしてその売上をするのに必要な原価（仕入や材料費など）、人件費や広告費用などを記載していきます。事業が順調に発展していくことを数値で示しましょう。できればこの計画は、月ごとあるいは3か月ごとの単位で作成していき、それを年度ごとに集計した形で記載

します。売上や利益についての積算根拠を示す箇所がありますので、そこで月ごとあるいは3か月ごとで作成した計画書を示します。

⑦ 経費の明細書

まずは資金計画で記載した設備資金と運転資金で列記した項目の中から、様式1で記載した補助事業期間中に必要となる経費を抽出します。そして抽出した経費のうち、補助対象となる経費を洗い出し、経費明細書に記載します。補助対象となる経費については制度上細かく決まっていますので、それを参考に洗い出しをします。ここで洗い出された補助対象となる経費のうち3分の2（上限200万円）が補助金交付希望額となり、様式1に記載します。

交付申請手続き

申請書類を提出期限までに提出し、事業が採択されても交付申請という最後の壁が立ちはだかっています。採択とはあくまでも事業が創業促進補助金の事業として認められただけで、補助金交付希望額についてもOKが出たわけではありません。この補助金交付希望額、つまり補助対象とした経費の内容を精査される手続きが**交付申請**です。交付申請では、すべての経費について、その計算根拠の提出を求められます。経費明細書を作成する過程では、しっかり裏付けがある経費の算出をしているでしょうから、その根拠も示すことはできるはずです。逆に示せない、あるいは示しているが過大に見積もっている場合などは、経費の一部は認められず補助金交付希望額金額が減額されて交付が決定されることもあります。

補助金申請の手続き

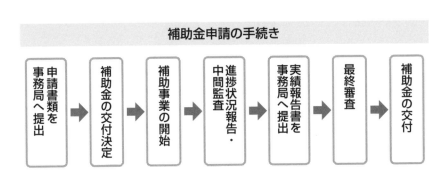

申請書類を事務局へ提出 → 補助金の交付決定 → 補助事業の開始 → 進捗状況報告・中間監査 → 実績報告書を事務局へ提出 → 最終審査 → 補助金の交付

書式 平成27年度創業・第二創業促進補助金様式1

平成27年度 創業・第二創業促進補助金【創業】
《記入例》

（様式1）

平成27年　○月　○日

創業・第二創業促進補助金事務局
事務局長　小山　俊哉　　殿

住　所：（〒100-0000）
　　　　東京都千代田区○○○1-1-1

氏名〈代表者氏名〉：**代表取締役　○○ ○○**　　　　印

平成27年度 創業・第二創業促進補助金 事業計画書『創業』

平成27年度創業補助金の交付を受けたいので、下記のとおり事業計画を提出します。
また、5．の誓約が虚偽であり、又はこれに反したことにより、当方が不利益を被ることとなっても、異議は一切申し立てないことを誓約します。

記

1．事業テーマ名　　　：**○○○○○○を活用した○○○○○事業の展開**
　　　　　　　　　　　（事業内容を的確に表現した簡潔な名称を30字程度で記載してください。）

2．事業計画の骨子　　：**○○○○○○○○○○○○○○○○○○○○○○○○○○○**
　　　　　　　　　　　○○○○○○○○○○○○○○○○○○○○○○○○○○○
　　　　　　　　　　　○○○○○○○○○○○○○○○○○。
　　　　　　　　　　　（様式2の事業計画書と整合をとりながら、事業内容の要約文を100字程度で
　　　　　　　　　　　記載してください。）

3．補助金交付希望額　：**2,000,000円**
　　　　　　　　　　　（様式2（4）経費明細表(C)の額を記載してください。）

4．補助事業期間　　　：当該補助事業を行う期間は、以下の通りです。

　　　交付決定日以降　～　（事業完了予定日）　**平成27年11月15日**
　　　　　　　　　　　（事業完了予定日は、平成27年11月15日迄の日を記載してください。）

5．誓約
　　①私（当社）は反社会的勢力に該当せず、今後においても反社会的勢力との関係を持つ意思がないことを確約します。
　　②私（当社）現在、訴訟による係争はなく事業運営に支障のないことを確約します。
　　③私（当社）現在、法令違反による処罰を受けておらず事業運営に支障のないことを確約します。
　　④私（当社）は、補助事業期間中及び補助事業期間終了後も、本事業を実施していく上で法令を順守することを確約します。

（注）・本様式は1頁以内に収めてください。
　　　・必要添付書類については、募集要項14ページ【提出必要書類】をご確認ください。

書式 平成27年度創業・第二創業促進補助金様式2

平成27年度 創業・第二創業促進補助金【創業】

《記入例》

（様式2）

事業計画書

《 応募時点において、□創業済み、 ☑創業前 》

※再応募の方は、これまでに応募された募集回にチェックをしてください。
平成24年度補正予算→ □第1回一次締切、□第1回二次締切、□第2回一次締切、☑第2回二次締切、□第3回一次締切、□第3回二次締切
平成25年度補正予算→ □先行締切 □最終締切　平成26年度補正予算→ □締切

（1）応募者の概要等（項目を確認の上、記載してください。選択項目は、該当するものに☑してください。）

① 応募者

ふりがな 氏名 （代表者氏名）	○○○ ○○○ ○○ ○○	性別	□ 男 ☑ 女	生年月日 （年齢）	□大正、☑昭和、□平成 60年 4月1日 （29 歳）
連絡先住所等	〒100-0000 東京都千代田区○○○1-1-1			本事業創業直前の職業	□1. 会社役員 ☑2. 個人事業主 □3. 会社員 □4. 専業主婦・主夫 □5. パートタイマー・アルバイト □6. 学生 □7. その他（　　　）
	TEL	03-0000-0000			
	FAX	03-0000-0000			
	E-mail	○○○@△△.jp			

本事業以外の事業経営経験	☑ 事業を経営したことがない。 □ 事業を経営したことがあり、現在もその事業を続けている。 　└ 事業形態〔 □個人事業、 □会社、 □企業組合・協業組合、 □特定非営利法人 〕 　　事業内容〔　　　　　　　　　　　　　　　　　　　　　　　　　　　　　　　　 〕 　　※応募事業と類似の事業の場合は、差別化している点を「（2）①事業の具体的な内容」に記載してください。 □ 事業を経営していたが、既にその事業をやめている。（やめた時期：□昭和・□平成　　年　月）

職歴	☑昭・□平 20年4月	（株）□□　新商品開発部（○○の開発等に従事）等に4年間勤務
	□昭・□平　　年　月	
	□昭・□平　　年　月	
	□昭・□平　　年　月	

② 実施形態

開業・法人設立日（予定日）	平成27年○○月○○日 （補助事業期間内に開業又は法人設立を行う必要があります。）	
特定非営利活動法人の場合のみ記載	特定非営利活動の種類	□ア) 中小企業者と連携して事業を行うもの □イ) 中小企業者の支援を行うために中小企業者が主体となって設立するもの □ウ) 新たな市場の創出を通じて、中小企業の市場拡大にも資する事業活動を行う者であって、有給職員を雇用するもの
事業実施地（予定地）	〒100-0000 東京都千代田区○○○1-1-1 ※創業地が産業競争力強化法に基づく認定市区町村と合致する事	事業形態
主たる業種 （日本標準産業分類中分類を記載）	中分類名：食料品小売業 コード（2桁）： 飲 5 8	
資本金又は出資金 （会社・組合）	3,000千円 （うち大企業からの出資：　　　千円）	
株主又は出資者数 （会社・組合）	1名 （うち大企業からの出資：　　　名）	
役員・従業員数	合計 4名	内訳	①役員：（法人のみ） 1名 （うち大企業の役員又は職員を兼ねている者：　　名） ②従業員： 名 ③パート・アルバイト 3名
事業に要する許認可・免許等	許認可・免許等名称：	

事業形態欄：
- □1. 個人事業
  └ □ 補助事業期間中の法人化も検討している
- ☑2. 会社設立
  └ ☑2-1 株式会社
  - □2-2 合名会社
  - □2-3 合資会社
  - □2-4 合同会社
- □3. 組合設立
  └ □3-1 企業組合
  - □3-2 協業組合
- □4. 特定非営利活動法人設立

各項目について記載内容が多い場合は、行数を適宜増やしてください。

第2章 資金調達・融資のための手続きと書類の書き方

平成27年度 創業・第二創業促進補助金【創業】
《記入例》

（必要な場合のみ記載） 取得見込み時期：
（2）事業内容（事業全体について、詳しく記載してください。枠に収まらない場合は適宜広げてください。複数ページなっても構いません。）

① 業の具体的な内容（フランチャイズ契約を締結し、行う事業ですか → □はい ・□いいえ ）

● 《事業計画書『創業』の記入の手引き》に則して記入ください。

② 本事業の動機・きっかけ及び将来の展望

● 《事業計画書『創業』の記入の手引き》に則して記入ください。

③ 本事業の知識、経験、人脈、熱意

● 《事業計画書『創業』の記入の手引き》に則して記入ください。

④本事業全体に係る資金計画（新事業の立ち上げ（準備から補助事業期間の終了までの間）に必要な全ての資金と調達方法を記載してください。）
（単位：千円）

必要な資金		金額	調達の方法	金額
設備資金	（内容） 保証金 店舗内装工事 〇〇、〇〇等の機械装置 〇〇、〇〇等の備品	500 1,000 1,000 500	自己資金	3,000
			金融機関からの借入金 （調達先） 〇〇銀行〇〇支店	3,000
	設備資金の合計	3,000	その他（本事業の売上金、親族からの借入金等） （内容） 売上からの充当（主に〇〇〇の売上） 父親からの借入	3,000 3,000
運転資金	（内容） 人件費（〇名、〇か月） 店舗家賃（〇か月） 商品仕入（〇か月） 光熱費 旅費 広告宣伝費 その他（主に〇〇）	3,600 1,400 3,000 390 300 2,000 310	補助金交付希望額	2,000
			（(4)経費明細表(C)の額と一致。補助金は補助事業実施期間終了後に検査を経てお支払する形となりますので、補助金支払いまでの間、応募者ご自身で補助金交付希望額相当額を手当していただく必要があります。その手当方法について、下表《補助金交付希望額相当額の手当方法》に記載してください。）	
	運転資金の合計	11,000		
合　　計		14,000	合　　計	14,000

各項目について記載内容が多い場合は、行数を適宜増やしてください。

平成27年度 創業・第二創業促進補助金【創業】

《記入例》

第2章 資金調達・融資のための手続きと書類の書き方

【金融機関からの外部資金の調達見込みについて】
〈必須要件〉
☐ 既に調達済み
☑ 補助事業実施期間中に調達見込みがある
☐ 将来的に調達見込みがある

《補助金交付希望額相当額の手当方法》 (単位：千円)

方法	金額
自己資金	
金融機関からの借入金（調達先：〇〇銀行〇〇支店）	2,000
その他（調達先： ）	
合計額（（4）経費明細表(C)の額と一致）	2,000

⑤事業スケジュール

実施時期	具体的な実施内容
1年目	〇年〇～〇月 店舗改装の準備 〇年〇～〇月 仕入先・外注先との打ち合わせ（〇〇に係る調整） 〇年〇～〇月 広報戦略の練り直し（〇〇氏に相談） 〇年〇～〇月 店舗改装工事期間 〇年〇～〇月 PR活動（〇〇を活用） 〇年〇月 改装オープン
2年目	〇〇〇〇〇〇〇〇 〇〇〇〇〇〇〇〇
3年目	〇〇〇〇〇〇〇〇 〇〇〇〇〇〇〇〇

⑥売上・利益等の計画

	1年目 (H27年6月～H28年5月期)	2年目 (H28年6月～H29年5月期)	3年目 (H29年6月～H30年5月期)
(a) 売上高	15,000 千円	17,000 千円	20,000 千円
(b) 売上原価	5,000 千円	5,500 千円	6,000 千円
(c) 売上総利益(a-b)	10,000 千円	12,500 千円	14,000 千円
(d) 販売管理費	8,000 千円	8,500 千円	9,000 千円
営業利益(c-d)	2,000 千円	4,000 千円	5,000 千円
従業員数	3人（うちパート・アルバイト 3人）	4人（うちパート・アルバイト 4人）	4人（うちパート・アルバイト 4人）
積算根拠	【売上高】 ・商品A（販売先：一般個人）： 　単価〇円×〇個/日×営業日数=〇円 ・商品B（販売先：一般個人（通販））： 　単価〇円×〇個/日×営業日数=〇円 【売上原価】 ・原価率〇%、算定根拠（業界平均など） ・主な仕入先：〇〇 【販売管理費】 ・人件費： 　パート3人（時給1千円、6時間/日） 　〇円/時間×〇時間×〇日×〇人=〇円 ・店舗借入費 　〇円/月×〇月=〇円 ・設備リース ・光熱費 ・広告宣伝費　等	【売上高】 ・商品A（販売先：一般個人）： 　単価〇円×〇個/日×営業日数=〇円 ・商品B（販売先：一般個人（通販））： 　単価〇円×〇個/日×営業日数=〇円 【売上原価】 ・原価率〇%、算定根拠（業界平均など） ・主な仕入先：〇〇 【販売管理費】 ・人件費： 　パート3人（時給1千円、6時間/日） 　〇円/時間×〇時間×〇日×〇人=〇円 ・店舗借入費 　〇円/月×〇月=〇円 ・設備リース ・光熱費 ・広告宣伝費　等	【売上高】 ・商品A（販売先：一般個人）： 　単価〇円×〇個/日×営業日数=〇円 ・商品B（販売先：一般個人（通販））： 　単価〇円×〇個/日×営業日数=〇円 【売上原価】 ・原価率〇%、算定根拠（業界平均など） ・主な仕入先：〇〇 【販売管理費】 ・人件費： 　パート3人（時給1千円、6時間/日） 　〇円/時間×〇時間×〇日×〇人=〇円 ・店舗借入費 　〇円/月×〇月=〇円 ・設備リース ・光熱費 ・広告宣伝費　等

別紙添付でも構いません。

（3）ビジネスプランコンテストの受賞や他の補助金等の実績説明（該当案件がある場合のみ記載）

＜ビジネスプランコンテストの受賞実績＞

①コンテストの名称	〇〇ビジネスコンテスト
②主催/後援	〇〇信用金庫/〇〇市
③受賞した内容	〇〇〇〇〇（添付資料有り）
④受賞時期	平成23年10月

＜他の補助金等の交付を受けた実績＞

①補助金・委託費名称	「実施中」〇〇〇〇補助金
②事業主体（関係省庁等）	〇〇省
③テーマ名	〇〇〇〇〇に係る研究
④実施時期/補助金等金額	H25.10～H26.9/　3,000 千円

各項目について記載内容が多い場合は、行数を適宜増やしてください。

平成27年度 創業・第二創業促進補助金【創業】
《記入例》

(4) 経費明細表（「(2)④本事業全体に係る資金計画」の設備資金及び運転資金の内容の中から、補助事業期間中に補助対象とするものを記載してください。）
(単位：円)

経費区分	費目	補助対象経費 (消費税込)	補助対象経費 (消費税抜)	補助金交付希望額 (B×2/3以内)	「補助対象経費（消費税込）」に係る積算基礎
Ⅰ人件費	(1)人件費	3,600,000	3,600,000		パート3名 時給〇円×〇時間×日数×〇人=〇円
Ⅱ事業費	(1)創業に必要な官公庁への申請書類作成等に係る経費				
	(2)店舗等借入費	1,400,000	1,296,296		月〇円×〇月=〇円
	(3)設備費	2,500,000	2,314,814		内装工事　〇円 機械装置（〇〇）〇円 備品（〇〇）〇円
	(4)原材料費				
	(5)知的財産等関連経費				
	(6)謝金				
	(7)旅費				
	(8)マーケティング調査費				
	(9)広報費	2,000,000	1,851,851		パンフレットの印刷 〇円/部×〇部=〇円 〇〇紙への広告掲載 〇円×〇回=〇円
	(10)外注費				
Ⅲ委託費	(1)委託費				
合計		(A) 9,500,000	(B) 9,062,961	(C) 2,000,000	

各項目について記載内容が多い場合は、行数を適宜増やしてください。

第3章

株式会社の設立登記

1 株式会社の設立手続きの流れを知っておこう

会社の設立は定款作成から始まる

発起人は1人以上必要である

会社を設立するには、定款の作成から登記まで、様々なことを決め、多くの手続きを行う必要があります。この手続きを行うのは当然、会社設立の企画者です。会社設立の企画者は**発起人**と呼ばれ、設立の手続きを行うと共に、会社に出資し、株式を引き受けます。この際、引き受けられた株式の総額が、原則として資本金になります。発起人は、株式を引き受けることで会社の持ち主（株主）になります。

通常は、発起人が発行されるすべての株式を引き受けますが（発起設立）、発起人以外の者が株式を引き受ける（募集設立）こともあります。

ただ、募集設立による設立はそれほど多くはないので、本書では**発起設立**を中心に説明していきます。

なお、株式会社の設立にあたって、資本金の額に制限はなく、1円でも設立可能です。ただ、金融機関からの融資などを考えれば、会社の資産として一定の資本金は必要になります。

設立手続の流れ

会社設立の場合には、通常、次のような手続をふみます。

① **事務所の賃貸など、本店となる場所の確保**

この段階で会社設立後の青写真を作っておくことが大切です。

また、会社を設立する場合、定款に本店所在地を記載する必要があるので、事務所を借りて事業を起こす場合には、事務所を借りておきます。

なお、その場合、まだ会社は誕生していないので、会社名義で賃貸借契約を結ぶことはできません。まずは経営者名義で借りておき、会社設立後、借主を経営者から会社へと変更できるよう賃貸人（大家さん）に話しておきましょう。

② **会社の目的・名前、本社の所在地などを記載した定款の作成**

定款は一般には書面で作成します。書面で作成するといってもパソコンのワープロソフトで作成したものを印刷すればよいでしょう。定款は3部作成することになります（書面で

定款を作成する場合)。定款の作成後は、公証役場に行き、公証人に定款を認証してもらいます。

なお、定款には**電子定款**というものもあります。電子定款とは、パソコンのワープロソフトで文面を作成し、PDF化した上で、特定のソフトを用いて電子署名を付した定款のことです。電子定款については、公証役場に送信して電子認証してもらうことができます。また、電子定款ですと印紙代4万円が不要になります。

③ **発起人による株式の引受け**

引き受けたことの証明として株主名簿(引き受けた株式数を記載した帳簿)に記載します。

④ **引き受けた株式に応じた、金銭などの払込み**

発起人が数名の場合は、発起人の中から代表者を選び、その者の銀行口座に振り込みます。発起人が1人のときは自分の口座に振り込みます。

⑤ **取締役や監査役の選任**

取締役会非設置会社であれば、取締役は1人いればよいので監査役は選任しなくてもかまいません。実務上も、監査役の業務は税理士などが代わりに行うので、監査役は選任されないようです。1人で会社を設立する場合、自分が取締役になります。定款で取締役を定めていれば取締役を選任する必要はありません。

⑥ **会社財産が整っているかどうかのチェック**

設立手続きの流れ

定款の作成
発起人が定款を作成し、公証人の認証をうける

株式の引受・払込み
発起人は株式を引き受け、引き受けた株式について出資の払込みをする

役員の選任
発起人が役員(取締役など)を選任する。定款であらかじめ役員を定めていれば、選任手続きは不要

役員による調査
役員が会社の設立手続に法令違反などがないかをチェックする

設立の登記

取締役や監査役が、払込みがなされているかチェックします。

⑦ 設立の登記

登記とは、会社の情報を登記簿という法務局にある公募に記録する制度です。登記は法務局に申請書を提出します。申請書には、会社の商号（会社の名前）、会社の本店所在場所などを記載します。

設立経過や商号の調査をする

会社の設立にあたっては、発起人が引き受ける株式の払込みがなされているかどうかを調査しなければなりません。この調査をするのは、発起人によって選任された役員です。役員とは取締役や監査役のことを指します。なお、払込みについては、発起人が取締役になるケースがほとんどなので、自分で払込みの有無を確認すればよいでしょう。

また、会社商号は会社の名前ですから、他の会社の商号と同じか酷似した商号であると混乱が生じます。そのため、以前は、同一市町村で同種の営業を行う場合、類似商号の登記をすることは禁止されていましたが、現在の会社法では類似商号規制が廃止され、また、「会社の目的」の柔軟な記載が認められています。

ただし、現在の法制度においても、他社と酷似した商号を用いると、不正競争防止法により、商号使用の差止請求を受ける危険があるので注意しなければなりません。

本章で想定する会社

本章では、3人で不動産売買などを事業目的とする「株式会社星光商事」を創業する事例を想定した上で、次項目から株式会社設立登記手続きのために必要になる書類などについて例示していきます。想定する会社の具体的なデータは以下の通りです。

・発起人
　星光男、崎岡良子、井田善治
・設立時役員
　設立時代表取締役：星光男
　設立時取締役：崎岡良子、井田善治
・その他
　設立形態：発起設立
　資本金の額：1000万円
　取締役会：設置しない
　株式の譲渡制限：非公開会社
　監査役や会計参与：なし

2 申請手続きに必要な印鑑を用意する

印鑑はしっかりと管理する

印鑑はサイズに注意する

株式会社の設立登記を申請するには、会社を代表する代表取締役の印鑑（代表者印）を作って、所轄の法務局に印鑑登録をします（代表取締役の印鑑（改印）届書、118ページ）。「○○株式会社代表取締役之印」などの印影で印鑑を作り、登記所に登録するのが一般的です。また、印鑑登録をしておくと、**印鑑証明書**を取得することができます。印鑑証明書は契約書など重要度の高い書類に押印した印鑑が代表者のものであることを証明する際に必要になります。

届け出る印鑑の大きさは、1辺の長さが1cmを超え、3cm以内の正方形に収まるものであると同時に、照合しやすいものでなければなりません。印影が複雑すぎたり、簡単すぎる印鑑については認められない場合があるので注意してください。

社印・銀行印が必要になる

社印とは、一般的に「○○会社之印」という具合に会社名だけが入ったやや大きめの四角い印鑑です。登記所には届けない印鑑で日常の取引業務で発生する請求書や見積書、領収書、納品書などの文書に使われる印鑑です。大きさは1辺が2cm前後で、つげや水牛などの材質のものが多用されています。**銀行印**とは、

代表者印の規格と一般例

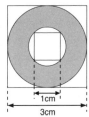

印鑑の大きさは1辺の長さが1cmを超え、3cm以内の正方形に収まるものでなければならない

外丸、中丸の二重になった巻印が、代表者印では一般的。中丸に「代表取締役之印」と刻み、外丸には会社名を入れる。

手形や小切手の振出し、預貯金の払戻しなど銀行との取引に際して使う印鑑です。あらかじめ取引銀行に届け出ておきます。その他、代表者の常用印があります。代表者の常用印は、通常の取引などの際に契約書に押印するものです。代表者印とは異なり、登記所に印鑑登録する必要はありませんが、管理はしっかりとしておきましょう。

なお、契約書に押印する場合、代表者印を使用してもかまいません。ただ、印鑑が磨耗することがありますので、日常の取引には常用印を使用するとよいでしょう。

発行後3か月以内のものを用意する

印鑑証明書とは、押印された印鑑が、押印をした者の印鑑であることを証明した文書のことです。

法人の設立手続きの際には法人の代表印を作成します。法人代表印は印鑑届書（118ページ）に押印して法務局に提出することになりますが、印鑑を届け出た届出人の真意を確認するため、印鑑届書には届出人個人の印鑑証明書（印鑑登録証明書）を添付します。設立する法人の代表者が法人代表印を届け出る場合には、代表者個人の印鑑証明書が必要です。印鑑届書に添付する印鑑証明書については、発行後3か月以内のものでなければなりません。

また、株式会社を設立する場合、公証役場での定款の認証手続きの際に株式会社の発起人全員の個人の印鑑証明書が必要になるので、あらかじめ用意しておきましょう。

印鑑の種類と使い方

代表者印 （実印）	会社の実印で会社名と肩書の入った印鑑。官公庁への届出などの重要度の高い書類に押印する。管理には細心の注意が必要
銀行印	銀行など金融機関に口座を開くときに使用する印鑑。取締役の印鑑証明書を添付して銀行に届け出る
社印 （会社角印）	社判、角印、会社印などと呼ばれ、社名だけが入った四角い印鑑。認印としての役割を果たし、重要度の高い書類では一般的に使用しない
代表者の 常用印	代表取締役が日常の取引（契約）文書や事務文書に使う認印。実印ではないが管理は慎重にする必要がある
役職者印	○○担当取締役、××部長、△△課長などの役職名入りの印鑑で、おもに注文書や社内の決裁などの押印に使用される

印鑑登録をしてから申請する

印鑑証明書を用意するには印鑑登録をする必要がありますが、その際に実印を作らなければなりません。**実印**とは、簡単にいえば、市区町村役場に登録をすませた印鑑です。認印とは取扱において区別されます。

これから会社などの法人を設立しようと考えている人でまだ実印をもっていない人は、できるだけ早く実印を作っておく必要があります。実印は、重要な法律行為（契約など）に使用するもので、紛失しないように十分注意が必要です。

実印がない場合には、まず、住民登録している市区町村役場へ印鑑を持参し、出向きます。「印鑑登録申請書」に必要事項を記入して登録します。印鑑登録をすると印鑑登録証（カード）を交付してもらえます。以後、これを持参して「印鑑登録交付申請書」に必要事項を記載すると、1通につき300円程度で印鑑証明書を発行してもらえます（発起人や設立時社員個人の実印についての印鑑証明書は会社（法人）代表印についての印鑑届書とは別の書面です）。印鑑証明書には、登録印の印影、登録者の住所・氏名・生年月日が記載されています。

印鑑証明書は郵便局で取得できる他、市区町村によっては住基カードを利用して、コンビニエンスストアで取得することもできます（コンビニによる取得の場合にはサービスを提供していない市区町村もありますので、事前に確認が必要です）。

なお、実印登録後に実印が割れたり欠けたりすると、印影（印鑑を押した跡）が登録時のものと同一でないと判断されることもあり、同一でないと判断された場合は実印を再登録しなければなりません。

第3章　株式会社の設立登記

印鑑証明書の取り方

市区町村役場に印鑑を届け出る（印鑑登録）
↓
印鑑カードが交付される
↓
印鑑証明書交付申請書に必要事項を記入し印鑑カードを添えて提出
↓
印鑑証明書が交付される

書式 代表取締役の印鑑（改印）届書

印鑑（改印）届書

※ 太枠の中に書いてください。

(注1)(届出印は鮮明に押印してください。)	商号・名称	株式会社　星光商事
[印影：株式会社星光商事之印 代表取締役]	本店・主たる事務所	東京都渋谷区××五丁目2番1号
	印鑑提出者　資格	ⓒ代表取締役・取締役・代表理事　理事・（　　　）
	氏　名	星　光男
	生年月日	明・大・㊌・平・西暦　32年10月　3日生
(注2) ☐印鑑カードは引き継がない。 ☐印鑑カードを引き継ぐ。 印鑑カード番号 前　任　者	会社法人等番号	××××××（※）

届出人(注3)　☑印鑑提出者本人　☐代理人

住　所	東京都新宿区××七丁目3番2号	(注3)の印
フリガナ	ホシ　ミツオ	実印 (個人)
氏　名	星　光男	

委　任　状

私は,(住所)

　　　(氏名)

を代理人と定め，印鑑(改印)の届出の権限を委任します。

　　平成　　年　　月　　日

　住　所

　氏　名　　　　　　　　　　　　　　　印　［市区町村に登録した印鑑］

☑ 市区町村長作成の印鑑証明書は，登記申請書に添付のものを援用する。（注4）

- (注1) 印鑑の大きさは，辺の長さが1cmを超え，3cm以内の正方形の中に収まるものでなければなりません。
- (注2) 印鑑カードを前任者から引き継ぐことができます。該当する☐にレ印をつけ，カードを引き継いだ場合には，その印鑑カードの番号・前任者の氏名を記載してください。
- (注3) 本人が届け出るときは，本人の住所・氏名を記載し，市区町村に登録済みの印鑑を押印してください。代理人が届け出るときは，代理人の住所・氏名を記載，押印（認印で可）し，委任状に所要事項を記載し，本人が市区町村に登録済みの印鑑を押印してください。
- (注4) この届書には作成後3か月以内の**本人の印鑑証明書**を添付してください。登記申請書に添付した印鑑証明書を援用する場合は，☐にレ印をつけてください。

印鑑処理年月日					
印鑑処理番号		受付	調査	入力	校合

※設立登記申請と同時に印鑑を届け出る場合は、会社法人番号はないので、当然空欄でよい

3 定款の記載事項について知っておく

記載を欠くと定款が無効になる絶対的記載事項がある

記載事項には3種類ある

株式会社設立の第一歩は発起人による**定款の作成**です。発起人とは、会社設立の企画者として定款に署名した人のことです。定款に記載されることがらには、①記載を欠くと定款全体が無効になる絶対的記載事項、②記載を欠いても定款自体の効力に影響はしないが、記載しないとその事項の効力が認められない相対的記載事項、③定款外で定めても効力をもつ任意的記載事項があります。

相対的記載事項や任意的記載事項が欠けたとしても、定款に影響はありませんが、絶対的記載事項が欠けると定款が無効になります。

なお、任意的記載事項でも、いったん定款に記載してしまえば、変更する際には、定款変更手続が必要になります。

定款の絶対的記載事項

株式会社の定款についての絶対的記載事項には以下のものがあります。
① 会社の目的

会社設立の目的は、出資しようと考えている者にとって1つの判断材料となるものです。会社は利益をあげ、それを構成員に分配することを目的としている営利法人であるため、目的は営利性のあるものでなければなりません。また、目的は明確かつ具体的に記載し、法に違反する内容にならないようにします。

なお、目的は将来行う可能性のものも記載してかまいません。後で付け足すと、手間、費用がかかりますので、予想されるものはあらかじめ記載しておくことが望ましいでしょう。
② 会社の商号

商号とは、○○○○株式会社、株式会社××××のような会社の名前のことです。設立法人が「株式会社」の場合には商号に「株式会社」という表示を入れなければなりません。

また、不正の目的で、他の会社と誤認されるおそれのある名称又は商号を使用すると、商号の使用差止請求を受ける可能性があるため、注意しなければなりません。

③ 本店（本社）の所在地

どこを本拠地とするかを明らかにするものです。記載の仕方としては、「本店を東京都○○区に置く」などと市区町村名だけを定める方法と、「本店を東京都○○区○○町○丁目○番○号に置く」というように、より具体的に所在場所を特定して記載する方法があります。

後者のように「本店を東京都○○区○○町○丁目○番○号に置く」とより具体的に場所を特定してしまっていると、同じ市区町村内で本店を移転する場合にも定款変更をしなければなりません。定款変更は株主総会の特別決議（議決権を行使できる株主の議決権の過半数をもつ株主が出席し、出席した株主の議決権の3分の2以上の多数によって行う決議）という厳格な手続きを踏む必要があります。

設立する会社の事業内容によっては「所在場所を移転する可能性などほとんどない」ということもあるでしょうが、将来のよけいな手続きやコストを省くためには、市区町村名だけを本店所在地として記載しておいた方が無難だといえます。

④ 設立時の出資額又はその最低額

設立のときに発起人（株主になる者）が払い込んだ出資額のことです。ここで払い込んだ財産の額が、原則として、資本金になります。ただし、払い込んだ財産の額の2分の1を超えない額を資本金として計上しないこともできます。

⑤ 発起人の氏名（名称）・住所

設立の企画者として責任を負う発起人の名前や住所を明らかにする必要があります。

なお、設立時に発起人が引受株数等は、絶対に定款に記載しなければならない事項ではありませんが、通常、発起人の氏名・住所と共に記載します。

⑥ 発行可能株式総数

将来、会社が発行できる株式数の上限を定めます。絶対的記載事項ではありませんが、定款に記載しておきましょう。

なお、発行可能株式総数の数は、非公開会社の場合、自由に定めることができるので、将来の増資の可能性も考えると、設立の際に発行する株式の10倍程度が望ましいといえます。

定款を作成する

実際に書面で定款を作成する場合の注意点について、122ページに掲載している定款を参考に見ていきま

しょう。

　株式会社の設立時に作成する定款のことを原始定款といいます。122ページの定款は、非公開会社、取締役会非設置会社、取締役3名での会社の設立を想定した定款です。

　前述したように、定款の絶対的記載事項（119ページ）は必ず記載します。絶対的記載事項で注意する点は、第1に、目的の最後には「上記各号に付随する一切の業務」と記載することです。このようにしておけば、目的に掲げた業務に付随する業務を行うことができるようになります。第2に、120ページで述べたように、本店の所在地は市区町村までにしておくとよいでしょう。具体的には「本店は東京都〇〇区におく」としておきます。このようにしておけば、会社設立後、本店を移転する際、移転先の住所が同じ市区町村以内であれば、改めて定款を変更する必要がないので便利です。

　また、忘れてはならないのが、非公開会社である旨です。非公開会社にするには、定款に「株式の譲渡制限」を記載します（7条。124ページ）。具体的には「当会社の発行する株式はすべて譲渡制限株式とし、これを譲渡によって取得するには、株主総会の承認を要する」とします。

定款の記載事項

記載事項の種類	意味	記載を欠いた場合	具体例
絶対的記載事項	定款に絶対に記載しなければならない事項	定款全体が無効になる	目的、商号、本店所在地、設立時の出資額（最低額）、発起人の氏名・住所、発行可能株式総数
相対的記載事項	定款に記載しないと効力が認められない事項	定款自体の効力に影響はない	変態設立事項、株式譲渡制限、公告方法など
任意的記載事項	定款外で定めても効力をもつ事項	定款自体の効力に影響はない	株式事務の手続き、株主総会の招集時期、決算期など

書式　定款（非公開会社、取締役会非設置、取締役3人）

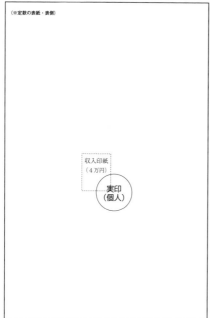

・定款の表紙（表側）

→サイズは、Ａ４サイズが一般的。作成日を記載します。

・定款の表紙（裏側）

→収入印紙は、貼らずに公証役場に持参し、その場での指示に従って貼った方がよいでしょう。

→実際に公証役場に行った人の実印を押印します（公証人の指示に従って契印する）。

株式会社星光商事　定　款

第1章　総則

(商号)
第1条　当会社は、株式会社星光商事と称する。

(目的)
第2条　当会社は、次の事業を行うことを目的とする。
 1．不動産の売買、賃貸、仲介及び管理
 2．宅地建物取引業
 3．不動産の鑑定業務
 4．貸会場の経営
 5．ビルメンテナンス業
 6．上記各号に付随する一切の業務

(本店の所在地)
第3条　当会社は、本店を東京都渋谷区に置く。

(公告の方法)
第4条　当会社の公告は、官報に掲載する方法により行う。

第2章　株式

(発行可能株式総数)

第5条　当会社が発行することができる株式の総数は、２０００株とする。

（株券の不発行）
第6条　当会社の株式については、株券を発行しない。

（株式の譲渡制限）
第7条　当会社の発行する株式は、すべて譲渡制限株式とし、これを譲渡によって取得するには、株主総会の承認を要する。

（相続人等に対する株式の売渡請求）
第8条　当会社は、相続その他の一般承継により当会社の株式を取得した者に対し、当該株式を当会社に売り渡すことを請求することができる。

（名義書換）
第9条　株式取得者が株主名簿記載事項を株主名簿に記載又は記録することを請求するには、当会社所定の書式による請求書に、その取得した株式の株主として株主名簿に記載又は記録された者又はその相続人その他の一般承継人及び株式取得者が署名又は記名押印し共同して請求しなければならない。ただし、会社法施行規則２２条１項各号に定める場合には、株式取得者が単独で請求することができる。

（質権の登録及び信託財産の表示）
第10条　当会社の株式について質権の登録又は信託財産の表示を請求するには、当会社所定の書式による請求書に当事者が署名又は記名押印し、共同して請求しなければならない。その登録

又は表示の抹消についても同様とする。

(手数料)
第11条　前2条に定める請求をする場合には、当会社所定の手数料を支払わなければならない。

(株主の住所等の届出)
第12条　株主及び登録質権者又はその法定代理人若しくは代表者は、当会社の所定の書式により、その氏名・住所及び印鑑を当会社に届け出なければならない。これらを変更した場合も同様とする。
2　当会社に提出する書類には、前項により届け出た印鑑を用いなければならない。

(基準日)
第13条　当会社は、毎年3月末日の最終の株主名簿に記載又は記録された議決権を有する株主をもって、その事業年度に関する定時株主総会において権利を行使することのできる株主とする。
2　前項の他、株主又は質権者として権利を行使すべき者を確定するために必要があるときは、取締役の過半数の決定をもって臨時に基準日を定めることができる。ただし、この場合には、その日を2週間前までに公告するものとする。

第3章　株主総会

(招集及び招集権者)
第14条　当会社の定時株主総会は、毎事業年度の末日から3か月

以内に招集し、臨時株主総会は、随時必要に応じて招集する。
2　株主総会は、法令に別段の定めがある場合を除く他、取締役社長がこれを招集する。社長に事故若しくは支障があるときは、あらかじめ定めた順位により他の取締役がこれを招集する。
3　株主総会を招集するには、会日より3日前までに、議決権を有する各株主に対して招集通知を発するものとする。ただし、総株主の同意があるときはこの限りではない。
4　前項の招集通知は、書面ですることを要しない。

(議長)
第15条　株主総会の議長は、社長がこれに当たる。社長に事故若しくは支障があるときは、他の取締役が議長になり、取締役全員に事故があるときは、総会において出席株主のうちから議長を選出する。

(決議の方法)
第16条　株主総会の普通決議は、法令又は定款に別段の定めがある場合を除き、出席した議決権を行使できる株主の議決権の過半数をもって行う。

(議決権の代理行使)
第17条　株主は、代理人によって議決権を行使することができる。この場合には、総会ごとに代理権を証する書面を提出しなければならない。
2　前項の代理人は、当会社の議決権を有する株主に限るものとし、かつ、2人以上の代理人を選任することはできない。

(総会議事録)

第18条　株主総会における議事の経過の要領及びその結果並びにその他法令に定める事項は、議事録に記載又は記録し、議長及び出席した取締役がこれに署名若しくは記名押印又は電子署名をし、１０年間本店に備え置く。

第４章　取締役

（取締役の員数）
第19条　当会社には、取締役３名以内を置く。

（取締役の選任）
第20条　当会社の取締役は、株主総会において、議決権を行使することができる株主の議決権の３分の１以上に当たる株式を有する株主が出席し、その議決権の過半数の決議によって選任する。
２　前項の選任については、累積投票の方法によらない。

（取締役の資格）
第21条　当会社の取締役は、当会社の株主の中から選任する。ただし、必要があるときは、株主以外の者から選任することを妨げない。

（取締役の任期）
第22条　取締役の任期は、選任後２年以内に終了する最終の事業年度に関する定時株主総会の終結時までとする。
２　補欠又は増員により就任した取締役の任期は、前任者又は他の在任取締役の任期の残存期間と同一とする。

(代表取締役及び社長)
第23条 当会社に取締役を複数名置く場合には、取締役の互選により代表取締役1名を定め、代表取締役をもって社長とする。
2 当会社に置く取締役が1名の場合には、その取締役を社長とする。
3 社長は当会社を代表する。

第5章　計算

(事業年度)
第24条 当会社の事業年度は、毎年4月1日から翌年3月末日までの年1期とする。

(剰余金の配当)
第25条 剰余金の配当は、毎事業年度末日現在の最終の株主名簿に記載又は記録された株主及び登録質権者に対して支払う。

(配当金の除斥期間)
第26条 剰余金の配当が、支払いの提供をした日から3年を経過しても受領されないときは、当会社は、その支払いの義務を免れるものとする。

第6章　附則

(設立に際して発行する株式)
第27条 当会社の設立時発行株式の数は200株とし、その発行

する価額は1株につき金5万円とする。

(設立に際して出資される財産の価額又はその最低額及び資本金)
第28条　当会社の設立に際して出資される財産の価額は金1000万円とする。
2　当会社の設立時資本金は金1000万円とする。

(最初の事業年度)
第29条　当会社の最初の事業年度は、当会社成立の日から平成28年3月末日までとする。

(設立時取締役)
第30条　当会社の設立時取締役は、次の通りとする。
　　設立時取締役　　星光男
　　　　　　　　　　崎岡良子
　　　　　　　　　　井田善治

(設立時代表取締役の互選)
第31条　当会社の設立時代表取締役は設立時取締役で互選するものとする。

(発起人の氏名、住所、割当を受ける株式数及びその払込金額)
第32条　発起人の氏名、住所、発起人が割り当てを受ける株式数及びその払込金額は、次の通りである。
　　住所　東京都新宿区××七丁目3番2号
　　　　星光男　　　普通株式　80株　　　金400万円

　　住所　東京都世田谷区××二丁目5番3号
　　　　崎岡良子　　普通株式　60株　　　金300万円

住所　東京都豊島区××三丁目４番３号
井田善治　　普通株式　６０株　　金３００万円

(法令の準拠)
第33条　本定款に定めのない事項は、すべて会社法その他の法令に従う。

以上、株式会社星光商事を設立するため、この定款を作成し、発起人が次に記名押印する。

平成２７年５月２５日

発起人
　　　東京都新宿区××七丁目３番２号
　　　　　　星　光　男　　　　実印（個人）

　　　東京都世田谷区××二丁目５番３号
　　　　　　崎岡　良子　　　　実印（個人）

　　　東京都豊島区××三丁目４番３号
　　　　　　井田　善治　　　　実印（個人）

4 定款の認証を受け株式の払込みをする

法律の知識・経験をもつ公証人によるチェックが必要

定款の認証とはどんなものか

定款作成後、発起人がそれに署名又は記名押印（電子定款の場合は電子署名）をします。これによって定款自体は完成です。

次に、法務局（登記所）で会社設立の登記をしなければなりませんが、申請の際に定款を添付します。ただ、定款は後述する公証人の認証を受けていることが前提になります。

定款認証の手続きについて

定款の認証は公証人が行いますから、**公証役場**へ行って、認証を依頼しなければなりません。

公証人とは、30年以上の実務経験を有する法律実務家の中から、法務大臣が任命する公務員で、公証役場で職務を行っています。

① どこの公証役場に行けばよいのか

定款の認証については、どこの公証人に依頼してもよいというものではありません。設立しようとしている会社の本店（本社）所在地を管轄する法務局又は地方法務局に所属する公証人に依頼しなければなりません。つまり、会社の本店所在地の都道府県内の公証役場でなければ認証できないことになっているのです。たとえば、神奈川県に本店を置く会社の定款は、東京都内の公証役場では認証を受けることができません。

② **用意すべき書類**

書面で作成する定款については、同じものを3通用意します。1通は、そのまま公証役場に保存されます。また、1通は、登記申請の際に、法務局（登記所）に提出します。そして、もう1通は、会社で保存されることになります。定款以外に、発起人全員の印鑑証明書も用意します。代理人によって認証を依頼する場合には、委任状と代理人の印鑑証明書も必要になります。

③ **認証**

依頼を受けた公証人は、定款を審査します。法律の規定に沿って必要事項にもれはないか、発起人の記名・押印がなされているかなどを審査するのです。問題がなければ、公

証人は定款に「認証文」をつけます。紙で作成された定款の場合には、定款に認証文が記載されますが、電子定款の場合には、電子データで作成された定款に公証人がデータで認証をします。

④ 費用

定款の認証のための公証人の手数料は5万円です（謄本代として別途2000円程度が必要です）。また、定款の原本自体に4万円の収入印紙を貼付することになっています。この4万円の収入印紙は、電子定款を利用した場合には必要ありません。

⑤ 留意点

定款は、認証を一度受けた後は、そう簡単に変更することができないので、慎重に手続を進めるようにしましょう。特に、会社の目的は、明確性が必要で多少専門的知識を要求される面がありますので、事前に司法書士や公証役場などに相談した方がよいでしょう。法務局、法務局出張所でも、相談に応じています。

定款は本店と支店に備え置く

会社は定款を本店（本社）と支店に備え置かなければなりません。株主と会社債権者は、営業時間内であればいつでも、定款の閲覧又は謄写を請求することができます。

もっとも、定款が書面で作成されているか、電磁的記録（パソコンのデータなど）で作成されているかによって、以下のような請求をすることができます。

① **定款が書面で作成されている場合、その書面の閲覧を請求できる**

定款そのものの閲覧ができます。

② **定款が書面で作成されている場合、その謄本（定款の写し）又は抄本（定款の一部を抜粋したものの写し）の交付を請求できる**

定款書面の写しが交付されます。

③ **定款が電磁的記録によって作成されている場合は、その記録について、法務省令で定める方法で表示したものの閲覧を請求できる**

パソコンに記録されている定款をプリントアウトしたものを閲覧するか、あるいは、会社のホームページなどに掲載されている定款を閲覧することができます。

④ **定款が電磁的記録によって作成されている場合は、会社が定めた電磁的方法で提供すること、又は記録内容を記載した書面を交付することを請求できる**

パソコンに記録されている定款をプリントアウトしたものを請求する

か、又は、会社のホームページなどに定款を掲載させるか、あるいは電子メールで通知することを請求できます。

株式の払込みと払込みのあったことを証する書面の準備

公証役場で定款の認証を受けた後に、今度は会社を代表する発起人の個人の銀行口座にそれぞれの発起人が引き受けた株式数に見合った出資金（資本金）をそれぞれ全額、振り込んでもらいます。払込手続きに必要な書類は、次の2つです。

ⓐ　払込みがあったことを証する書面（135ページ）

ⓑ　預金通帳のコピー

払込みがあったことを証する書面には登記所に届ける印鑑を押印し、通帳の表紙、通帳を開いて1ページ目（口座名義人が判明する部分）、払込みがわかるページのコピーを用意します。

上の2つの書類を合わせてとじて、ⓐで押印した印鑑で契印（各ページの継ぎ目に押印）をします。入金は定款作成日後にします。定款の作成日前の日付の通帳に資本金に相当する残高があっても、登記が受理されないという対応が基本です。その場合はいったん資本金に相当する金額を出金し、再度入金して下さい。

なお、入金先は銀行のインターネットバンキングでも可能です。この場合には、①金融機関名、②口座名義人、③払込日時、④入金額が記載されている画面をプリントアウトし、当該書面を、払込みのあったこ

払込証明書のとじ方

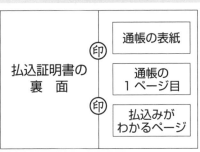

払込みがあったことを証する書面と預金通帳のコピーをあわせてとじて契印を押す。

通帳のコピーについては、1枚の紙に3つのコピーをすることも、3枚の紙にそれぞれ1つずつコピーすることもできます。

払込金の振込みに関する部分にマーカーや下線を付してわかりやすくします。

とを証する書面に合綴して作成することになります。

こうして作成した書面を「設立登記申請書」(154ページ) に添付して所轄の登記所に提出します。

株主名簿の作成・備え付け

会社設立登記後、株式の払込みをした株主については、会社は「株主名簿」を作成し、原則として、本店に備え付けます。

株主名簿とは、会社の株主とその持っている株式数を記載した書面のことです。会社は株主名簿により株主を把握し、株主への配当金の交付などの際に役立てます。株主や債権者から株主名簿の閲覧要請があった場合には、会社はこれに応じる義務があります。

書式　株主名簿

株主の氏名	株主の住所	株式の種類	株式数／株券番号	取得日
星光男	東京都新宿区××七丁目3番2号	普通株式	80株 (No.1〜80)	平成27年5月25日
崎岡良子	東京都世田谷区××二丁目5番3号	普通株式	60株 (No.81〜140)	平成27年5月25日
井田善治	東京都豊島区××三丁目4番3号	普通株式	60株 (No.141〜200)	平成27年5月25日

※上記の株主名簿は、本書の設定（定款第32条、129ページ）を基に作成したもの

書式　払込みがあったことを証する書面

証　明　書

　当会社の設立時発行株式につき、次の通り全額の払込みがあったことを証明します。

　　設立時発行株式数　　　　　２００株
　　払込みを受けた金額　　　金１０００万円

平成２７年５月２６日

　　　　東京都新宿区××五丁目２番１号

　　　　株式会社星光商事

　　　　設立時代表取締役　星　　光　男

5 設立時の代表取締役、取締役や監査役の選任について知っておく

取締役は必ず1人以上選任しなければならない

取締役を選任する

　発起人は、株式の引受けがなされた後に、設立時取締役を選任しなければなりません。設例の星光商事のように取締役会を設置しない会社（取締役会非設置会社）においては、設立時取締役は1人いればそれで足ります。

　一方、設立しようとする会社が取締役会を設置する会社である場合は、3人以上の設立時取締役と1人以上の設立時監査役を選任する必要があります。

　その他、設立しようとする会社の機関構成に応じて、会計参与（取締役と共同で貸借対照表などの計算書類を作成する者）や会計監査人（貸借対照表などの計算書類を監査する者）を選任することもできます。

　設立時取締役等の選任方法は、発起人が株式引受人として引き受けた株式1株につき1個の議決権を有し、その議決権の過半数によって決定することになっています。発起人が2人以上いる場合は発起人会（発起人による会議）を開催して決定します。発起人が1人の場合は、その者がすべて決定することができます。

　ただし、定款にあらかじめ取締役や監査役を記載しておけば、選任手続を省略することができます。手続きを簡略化させる意味でも、定款に取締役や監査役を記載しておくとよいでしょう。

設立時代表取締役の選定

　取締役会非設置会社においては、代表取締役の選定は任意であり、選定しない場合には、各取締役が代表取締役になります。これに対し、取締役会設置会社にあっては、設立時取締役の中から必ず代表取締役を選定しなければなりません。

　代表取締役の選定については、取締役会を設置する会社とそうでない会社とではその選定方法が多少異なります。

　双方とも、定款に直接、設立時代表取締役を定めることができ、また定款に「発起人の互選により」ある

いは「設立時取締役の互選により」設立時取締役を選定する、とその選定方法を定めることができます。両者の違いは、定款に設立時代表取締役の定めや、その選定方法の定めがない場合です。

この場合、取締役会非設置会社では、発起人の互選により選定するのに対し、取締役会設置会社では設立時取締役の互選により代表取締役を選定することになります。

そのため、取締役会非設置会社が、設立時取締役の互選により設立時代表取締役を選定する場合には、定款の附則に別途「設立時取締役から設立時代表取締役を選定する」という内容の規定（本書の定款第31条、129ページ参照）が必要です。なお、本書の定款第23条（128ページ）のように会社設立後の代表取締役の選定方法として取締役の互選による旨が定められている場合であっても、設立時取締役の互選により設立時代表取締役を選定することはできませんので注意が必要です。これは、会社設立前の機関である「設立時取締役」と設立後の機関である「取締役」は法律上、別個の概念として明確に区別されていることによります。

設立時取締役等の選任に関する書面と就任承諾書

設立登記の申請に際し、設立時取締役等の選定を証する書面と就任承諾書を添付する必要があります。選定方法により添付書面が異なりますので、以下、具体的にみていきます。

まず、定款に直接、設立時取締役等を定めた場合は、定款と設立時取締役等の就任承諾書が添付書面になります。この点、定款の中に設立時取締役等の氏名が記載されており、かつその者が発起人として定款に記名、押印しているときは、定款の記載が役員就任を承諾した書面となり、別途、就任承諾書を作成する必要はありません。しかし、間違いやすい部分でもありますので、すべての役員から「就任承諾書」をとっておいた方がよいでしょう。

次に、発起人の互選により設立時取締役等を選任した場合は、発起人会の議事録と設立時取締役等の就任承諾書が添付書面となります。発起人が1人の場合は、「設立時取締役（監査役）選任決定書」で代用できます（別途、就任承諾書も必要です）。

なお、就任承諾書へ押印する印鑑については139、140ページの注釈を参照してください。

設立時代表取締役の選定に関する書面

設立時代表取締役の場合もその選定方法により添付書面が異なります。

① 定款で直接、設立時代表取締役を定めた場合は、定款が選定を証する書面になります。
② 定款に「発起人の互選により設立時代表取締役を選定する」旨の記載がある場合は定款と発起人会議事録を添付します。
③ 定款に「設立時取締役の互選により設立時代表取締役を選定する」旨の記載がある場合は定款と設立時代表取締役選定決議書が添付書面になります（143ページ）。
④ 定款に定めがない場合は、取締役会非設置会社では発起人会議事録が、取締役会設置会社では設立時代表取締役選定決議書が添付書面になります。

設立時代表取締役の就任承諾書ですが、取締役会非設置会社の場合は、原則として取締役すべてが各自代表権を有していることから、取締役と代表取締役の地位は分化していない（同一）と考えられます。そのため、定款に「設立時取締役の互選により設立時代表取締役を選定する」旨の記載がある場合（この場合は、取締役と代表取締役の地位は分化してい る）を除いては就任承諾書の添付は不要になります。

もっとも、法務局によっては就任承諾書の提出が求められることもありますので、すべてのケースにおいて就任承諾書を作成しておくことをお勧めします。

また、選定決議書等に被選任者が就任承諾した旨の記載があり、かつその者の実印が押印してある場合には、その記載を就任承諾書として援用することも可能です。ただし選定決議書等には被選定者の氏名だけでなく住所の記載も必要となることから、別途、就任承諾書を作成しておくのが無難です。

本店所在地の決定に関する書類

掲載した定款のように、本店の場所について市区町村までしか記載しない場合（定款第3条の「東京都新宿区」）には、代表取締役の選定と合わせて具体的な本店所在地を決定することになります（発起人会議事録。142ページ）。本店所在地だけを決定する場合は、本店所在地決議書（141ページ）を作成します。

書式　設立時取締役の就任承諾書

就任承諾書

　私は、平成27年5月25日、貴社の定款において、設立時取締役に選任されましたが、その就任を承諾いたします。

平成27年5月25日

　　　　　　　　東京都新宿区××七丁目3番2号
　　　　　　　　　　　　星　光　男　　　　㊞（実印（個人））

株式会社星光商事　　御中

※取締役会非設置会社の場合、設立時取締役の就任承諾書は、個人の実印で押印し、かつ印鑑証明書を添付する必要があります。その他の役員及び取締役会設置会社の取締役等については認印でもかまわず、印鑑証明書の添付も不要です。

書式　設立時代表取締役の就任承諾書

就任承諾書

　私は、平成27年5月26日、貴社の設立時代表取締役に選定されましたので、その就任を承諾いたします。

平成27年5月26日

　　　　　　東京都新宿区××七丁目3番2号

　　　　　　　　星　光　男　　　実印（個人）

株式会社星光商事　御中

※取締役会非設置会社の場合、設立時代表取締役の就任承諾書に押印する印鑑は認印でもよく（ただし、実務上は実印を押印するケースが多い）、印鑑証明書の添付は不要です。一方、取締役会設置会社の場合は、代表取締役は個人の実印を押印し、印鑑証明書の添付が必要になります。

書式　本店所在地決議書

本店所在地決定書

　平成27年5月26日午前10時00分より東京都渋谷区××五丁目2番1号当会社創立事務所において発起人全員が出席し、発起人会を開催した。発起人星光男は選ばれて議長となり、下記のとおり本店所在場所を定めたい旨を諮ったところ、全員一致をもって承認可決した。

　本店所在地　東京都渋谷区××五丁目2番1号

　議長は、以上をもって議案全部を終わったので午前10時15分閉会する旨を宣した。上記決定事項を明確にするためこの決定書を作成し、発起人は、次の通り記名押印する。

平成27年5月26日

　　株式会社星光商事

　　　　　　　東京都新宿区××七丁目3番2号
　　　　　　　発　起　人　　　　星　光　男

書式　発起人会議事録

発起人会議事録
（設立時代表取締役の選定及び本店所在地決議書）

　平成27年5月26日午前10時00分より東京都渋谷区××五丁目2番1号当会社創立事務所において発起人全員が出席し、発起人会を開催した。発起人星光男は選ばれて議長となり、次のとおり、設立時代表取締役及び本店所在場所を選定、決定したい旨諮ったところ、全員異議なくこれを承認可決した。なお、被選定者は即時にその就任を承諾した。

　　　　　設立時代表取締役　　　星光男
　　　　　本店所在地　　東京都渋谷区××五丁目2番1号

　議長は、以上をもって議案全部を終わったので午前10時15分閉会する旨を宣した。上記決議を明確にするためこの議事録を作成し、発起人の全員は、次の通り記名押印する。

　平成27年5月26日
　　株式会社星光商事

　　　　　東京都新宿区××七丁目3番2号
　　　発起人　　　　　　　　　　　星　光　男　　実印（個人）

　　　　　東京都世田谷区××二丁目5番3号
　　　発起人　　　　　　　　　　　崎　岡　良　子　実印（個人）

　　　　　東京都豊島区××三丁目4番3号
　　　発起人　　　　　　　　　　　井　田　善　治　実印（個人）

書式　設立時代表取締役選定決議書

設立時代表取締役選定決議書

　平成27年5月26日午前10時30分より東京都渋谷区××五丁目2番1号当会社創立事務所において設立時取締役全員が出席し、その全員一致の決議により次の通り設立時代表取締役を選定した。

　　　　　東京都新宿区××七丁目3番2号
　　　　　設立時代表取締役　　星　光　男

　なお、被選任者は即時就任を承諾した。

　上記決議を明確にするため、設立時取締役全員は、次の通り記名押印する。

　平成27年5月26日

　株式会社星光商事

　　　　　　出席設立時取締役　　星　光　男　　（実印(個人)）

　　　　　　出席設立時取締役　　崎　岡　良　子　　（印）

　　　　　　出席設立時取締役　　井　田　善　治　　（印）

6 創業段階で現物出資をする場合の手続きについて知っておこう

自動車など、物で出資する場合には特別な手続きが必要になる

変態設立事項とは

　定款の記載事項で絶対的記載事項の他にも注意しなければならない事項として、**変態設立事項**があります。

　変態設立事項とは、「危険な約束」ともいわれ、会社財産を危うくするおそれがあるものとして特別の手続を要するものをいいます。そのため、変態設立事項は、定款に記載しなければ効力が認められないものとされ、また、変態設立事項については原則として裁判所が選任する検査役による調査が必要です。

　会社法に列挙されている変態設立事項は、以下の4つです。

① **現物出資**

　株式を引き受ける際、通常は金銭を払い込みますが、金銭以外の物をもって金銭の払込みにかえることができます。金銭にかえて、土地や建物などを出資する場合です。現物出資をする場合、出資された物が過大に評価されると会社の資本金が実際の資本金より少なくなり、債権者(たとえば、会社に融資を行った銀行など)に迷惑をかけることになるので厳格な扱いが必要とされています。たとえば、50万円の価値しかない自動車が200万円と評価されたような場合です(もっとも、現物出資の財産が500万円を超えない場合など、会社財産に大きな影響がないときは検査役の調査は不要です)。

② **財産引受**

　発起人が、会社成立後に財産を譲り受けることを約束した契約です。現物出資と同様、目的物の過大評価により会社財産を害する危険があり、また、他の株主との不平等を招く危険があるため厳格な扱いが必要とされています。

③ **特別の利益・報酬**

　会社設立のための労務に対して発起人が会社から受け取る報酬や特別の利益です。会社設立の企画者である発起人の労に報いるため、功労金や報酬として過大に金銭などが支払われれば、会社財産を危うくすることになります。

④ **設立費用**

発起人が会社設立のために支出した費用です。設立費用について、発起人の自由にまかせると、会社が不相当な負担を負うことになる危険があるため、厳格な扱いが必要とされています。この設立費用としては、通信費や交通費などがあります。

事後設立とは

事後設立とは、たとえば自動車やパソコンなどの高額な財産（会社設立前から存在するもので、継続して会社の営業のために使用しようとするもの）を、会社の成立後2年以内に会社が買い取る契約をいいます。

このような行為は、現物出資や財産引受と同様、会社財産を危うくするものですから、厳格な規制をする必要があります。そのため、事後設立をする場合には、株主総会の特別決議（株主の議決権の過半数をもつ株主が出席し、出席した株主の議決権の3分の2以上で決議すること）が必要とされています。ただ、会社成立前から会社が所有する財産や会社成立後に取得するすべての財産について、株式会社の特別決議を要するとなると事後設立を行う者がいなくなります。

そのため、取得する財産の価格が、純資産額の5分の1以下であれば、特別決議をしなくてもよいとされています。

設立時取締役らが調査をする

定款に現物出資の定めをした場合、原則として、発起人の申立てにより裁判所が選任した検査役が、定款に記載された現物出資の評価額が正しいかを調査します。

ただ、以下のように専門家の証明がある場合や金額が少額で会社財産に対する場合には会社財産を悪化させる危険が少ないため、検査役の調査は必要ありません。

① 弁護士や税理士などから、定款に記載された現物出資の目的財産について、価額（価格）が相当であるという証明を受けた場合
② 定款に記載された価額の総額が500万円以下の場合
③ 目的財産が市場価格のある有価証券（株のこと）であり、定款に記載した価額が市場価格以下の場合

なお、検査役の調査が不要な場合でも、取締役・監査役（監査役を設置した場合）は、現物出資として出資されたものの価額の調査をしなければなりません（この調査報告書は登記の添付書類になります）。

7 登記とはどんな制度なのか

会社の重要事項について公示するシステム

登記とは何か

　登記とは、不動産に関する権利関係や会社の重要事項について、登記所（法務局）という国の機関に備えている登記簿に記載することをいいます。登記には不動産登記、成年後見登記といった種類がありますが、会社の設立や変更に関わるのは、商取引を迅速・円滑にするために会社などの重要事項を公開する商業登記制度です。

　登記は、当事者本人が行うのが原則です。つまり、会社の設立や変更についての登記申請も会社の発起人や会社内部の人間だけで行うことができます。ただ、専門的な知識に自信がなく、時間的な手間を避けたい場合には、司法書士などの専門家に手続きをまかせることもできます。専門家に依頼する場合には手数料が必要です。

書面申請とオンライン申請

　登記申請には書面申請とオンライン申請という2つの方法があります。

　書面申請とは、申請情報を記載した書面（申請情報を記録した磁気ディスクを含む）に、添付情報を記載した書面（添付情報を記録した磁気ディスクを含む）を添付して法務局に提出して行う申請方法です。

　オンライン申請とは、申請人（又は代理人）が申請情報や添付情報をインターネットによって法務局に送信する方法です。

　オンライン申請では、申請情報と添付情報をインターネット経由で法務局に送信するのが原則ですが、設立登記の場合は、会社の実印を登記所へ届ける必要があるため、申請情報のみをインターネットで送信し、添付情報を記載した書面を法務局に郵送又は持参して行うことになります（電子定款のように電子化された添付情報の場合には、申請情報と併せて送信することができます）。

　この方式を俗に「半ライン申請」などといい、商業・法人登記及び不動産登記共にこの方式で申請することができます。なお、オンライン申

請を行うには、あらかじめ電子証明書を取得しておく必要があります。取得方法については、法務省のホームページをご覧ください。

登記申請の流れ

登記は、書面を法務局に提出するか、インターネットを利用してオンラインで申請します。

書面による申請の場合、申請書を作成すると共に、添付書類を集めるか作成するかしなければなりません。添付書類は、登記の種類によって実に様々なので注意が必要です。

申請書が完成し、添付書類を準備した後に、必要な収入印紙を購入し（あるいは登録免許税を現金で納付して）、管轄の法務局に行くか、郵便で管轄の法務局に送ります。

申請後に不備があれば補正をする

申請後の審査については、早い場合にはその日のうちに申請書や添付書類の審査が行われますが、通常は数日後に行われると考えてよいでしょう。

いったん受け付けられた申請書類について、その後担当官が詳しく内容を審査して書類の記載に不備が見つかった場合、それを補正するように求められます。提出された登記申請書の申請人、受付年月日、受付番号、登記の種類は受付簿に記載されます。後日、法務局で補正の有無を確認しましょう。補正は、登記申請に不備がある場合にそれを訂正したり補充したりする作業です。

補正の有無を知る方法は、法務局によって多少の違いがあることが考えられますが、通常は、登記申請書に連絡先の電話番号を書かせ、補正の必要がある場合には連絡する、というシステムをとっているところが多いといえるでしょう。

補正のために法務局に出頭するときには、訂正用の筆記用具と印鑑を持参しましょう。通常、不備がある箇所に付箋が貼られた申請書を渡されますので、どんな間違いがあったか、どこをどう直せばよいか確認し、補正します。万一、間違いの程度が訂正可能なものとはいえない、つまり不備がひどく補正できないような場合には、申請を取り下げざるをえないこともあります。

また、郵送で申請した場合には、補正の必要があることを電話等で知らされます。補正は郵送ですることもでき、郵送で申請した場合はもちろんのこと、法務局に直接行って申

請書を提出した場合、オンラインで申請した場合であっても、郵便を使って補正することができます。

■登記すべき事項の提出方法

登記申請書の「登記すべき事項」については、登記事項が少なく登記申請書に書き切れる場合には登記申請書に記載してもよいのですが、登記申請書に書き切れない場合には、登記申請書に「別添CD-Rの通り」と記載して、記載事項を磁気ディスクにまとめて記録します。磁気ディスクとは、FD（フロッピーディスク）、CD、CD-Rなどのことです。また、登記・供託オンラインシステム（http://www.touki-kyoutaku-net.moj.go.jp/index.html）により登記事項提出書の作成が可能で、登記すべき事項をオンラインで登録することができます。オンライン登録の利点は、磁気ディスクを準備する必要がないことや、オンラインによって、受付番号、補正、手続終了等の通知を受け取ることができる点にあります。通常、オンライン申請では電子署名及び電子証明書を添付しなければなりませんが、登記すべき事項の登録に限っては必要ありません。ただし、登録した登記事項提出書は登記・供託オンラインシステムへの送信後に印刷し、添付書類と共に所轄の法務局に提出しなければなりません。登記事項提出書の送信のみでは受付はされず、必ず登記所に申請書を提出する必要があります。

本書では、登記申請書の「登記すべき事項」の記載について、磁気ディスクによる提出を想定して書式を掲載します。

■添付書類の原本還付手続き

添付書類は原本を提出するのが原則ですが、議事録や役員の就任承諾書などの会社で保管すべき重要な書類は、その原本の還付を受けることが可能です。原本還付手続きをする場合は、登記申請書には議事録などのコピーをホチキスどめし、このコピーに「この謄本は原本と相違がない。株式会社〇〇代表取締役〇〇」と記載し、会社代表印を押印し、登記所に提出します。登記申請時に原本の還付を受けるためには、登記申請をする際に、登記申請窓口の担当官にコピーと原本が間違いなく同一であることを確認してもらってから登記申請をする必要がありますので注意して下さい。

8 登記申請手続書類の作成方法を知っておく

申請書類のとじ方なども把握しておくこと

■申請書類はきちんとチェックする

　登記の申請は、設立時取締役の調査が終了した日、又は発起人が定めた日のいずれか遅いほうから2週間以内に、会社を代表する者が本店の所在地を管轄する登記所に書面を提出して行う必要があります。代表者が申請するのが原則ですが、代理人（司法書士又は弁護士）に申請を依頼することも可能で、その場合、申請人（会社を代表する者）の委任状が必要です。登記申請に必要な書類は、それぞれ1通ずつ用意します。会社の保存用を含めるとそれぞれ2部ずつ作成します。

　登記申請書や添付書類ができあがった後に、誤字、脱字、脱印、訂正箇所の訂正印、契約、記載内容などを入念に再チェックしましょう。

　以下に挙げるのは非公開会社で発起設立の場合の申請書類です。

・**株式会社設立登記申請書と磁気ディスク（CD-Rなど）**

　登記申請書と登記すべき事項を記載した磁気ディスクを提出します。

・**登録免許税納付用台紙　1通**

　登録免許税は税額が15万円に満たない場合は15万円で、それ以外は資本総額の1000分の7と定められています。税金の納付は収入印紙か現金によって納付する方法があります。どちらで納付するのかを事前に登記所で確かめておきましょう。

　収入印紙で納付する場合には、まず登記申請書の次に登録免許税納付用台紙（156ページ）をとじ込みます。収入印紙を所定の場所に貼付し、台紙と登記申請書との間に代表者印又は代理人の印を使って契印を押します。現金で納付する場合は、登記所が指定する銀行に現金を払い込みます。そこで発行してもらった領収書を納付用台紙に貼付して、申請書と台紙の間に契印した上で提出します。

　なお、収入印紙自体には消印しないようにしましょう。登記申請前に消印をしてしまうと、その収入印紙は使えなくなってしまいます。

・**定款　1通**

　会社の根本規則を記載した書面です。

- 役員の選任を証する書面 1通

発起人が役員を選任したときに必要になります。定款で役員を決めたときは不要です。

- 本店所在地決議書

定款で具体的な所在場所(定款の記載が東京都〇〇区までのとき)を決めていないときに必要になります。

- 取締役、代表取締役、監査役の就任承諾書 〇通

役員に就任したことを承諾する書面です。設例の星光商事の場合は取締役(星光男、崎岡良子、井田善治)の就任承諾書3通と代表取締役(星光男)の就任承諾書1通の合計4通が必要です。

- 設立時取締役等の本人確認証明書 〇通

取締役会設置会社においては就任承諾書に記載した氏名、住所と同一の氏名、住所が記載された住民票の写しなどを添付します。ただし、設例のように、印鑑証明書を添付する必要がある場合には、別途、本人確認証明書の添付は不要です。

- 印鑑証明書 〇通(取締役の人数分、取締役会設置会社の場合は、代表取締役の人数分)

申請書に押された印鑑が本人のものであることを証明するための書面です。市区町村長の作成した印鑑証明書などを添付します。設例では、取締役(星光男、崎岡良子、井田善治)の印鑑証明書3通が必要です。

- 払込みがあったことを証する書面 1通

銀行の預金通帳などの写しを添付します。

場合によって添付が必要な書類もある

- 戸籍謄本など

婚姻により改姓した者が、戸籍上の氏名と旧姓を登記簿に併記させたい場合に添付します。

- 検査役又は取締役の調査報告を記載した書面及びその付属書類

発起人が金銭に代えて不動産や動産などの現物を出資した場合に添付します。定款に記載された現物出資の目的物の価格が正しく評価されていることを証明する書面です。

- 有価証券(株など)の市場価格を証する書面

現物出資されたものが、市場価格のある有価証券であり、定款に記載した価格が市場価格以下の場合に添付します。

- 弁護士などの証明書

現物出資されたものの価格が正しく評価されていることを弁護士や税

理士が証明した場合に添付します。

・**資本金の額の計上に関する証明書**

現物出資がある場合に添付します。会社の代表者が作成し、会社の実印を押印します。

・**登記申請の委任状 1通**

本人申請の場合には不要ですが、司法書士に登記申請を代理してもらう場合には委任状が必要です。

・**印鑑届書**

会社を代表すべき者の印鑑（会社の実印）について、印鑑届書を提出します（153ページ図B参照）。

書類のまとめ方と登記申請書の作成方法

届出書類をとじる順序は、①登記申請書、②登録免許税納付用台紙、③各種の添付書類となっています。登記申請書の中の添付書類の欄に記載した順にホチキスを使って左つづりにして添付書類をとじます。別紙を添付する場合には、ホチキスで止めるのではなく、クリップなどで止めます。登記申請書の用紙については法律で特に決められていませんが、実務上はA4判サイズの紙を用い、横書きにします。

記入にはパソコンを使用するか、手書きの場合であれば黒のボールペンなどがよいでしょう。文字は崩さず楷書できちんと書きましょう。

まず「商号」と「本店」を記載します。商号を記載する際に株式会社を（株）と省略したり、本店を記載する際に何丁目何番何号をハイフンでつないだりせず、正しく表記しなければなりません。

次に「登記の事由」「登記すべき事項」を記載します。登記の事由としては、「年月日発起設立の手続終了」と、設立手続が終了した旨を記載します。登記すべき事項の分量が多い場合には、登記すべき事項の欄に「別添CD-Rの通り」等と記載し、その内容を記録したCD-R等を提出するか、もしくは登記・供託システムを利用してオンラインで提出することもできます。さらに「登録免許税」「添付書類」を記載し、「上記の通り申請する」という文言を書き入れます。最後に申請年月日と申請人（会社の場合は会社の本店、商号、代表取締役の住所・氏名）を記載し、氏名の後に申請人が法務局に届け出てある印鑑を押印します。

本人確認証明書の添付

設立登記の申請書には、原則として設立時取締役等（設立時取締役、設立時監査役、設立時執行役）の本

人確認証明書の添付が必要です。

本人確認証明書とは、就任承諾書に記載した氏名、住所と同一の氏名、住所が記載された市区町村長の作成にかかる証明書のことです。具体的には、①住民票の写し、②戸籍の附票、③住所の記載がある住基カードのコピー、④運転免許証のコピー（裏面も必要）などがこれに該当します。住基カードや運転免許証のコピーを添付する場合には、本人が原本と相違がない旨を記載した上で、署名押印する必要があります。

■添付が不要になるケース

設立登記の申請書に設立時取締役等の印鑑証明書を添付する場合は、本人確認証明書の添付を省略することができます。たとえば、設例の星光商事のように、取締役会非設置会社の場合、設立登記の申請書には、設立時取締役の印鑑証明書の提出が求められますので、この場合は、本人確認証明書の添付は不要になります。

■本書の設定の場合の具体的検討

本書の設例をもとに、添付書類について確認していきましょう。

設立時平取締役の埼岡良子と井田善治については、氏名及び住所を記載した就任承諾書に実印を押印した上で、その印鑑証明書を添付します。

一方、設立時代表取締役の星光男ですが、設立時取締役としての就任承諾書（氏名、住所記載）に実印を押印し、その印鑑証明書を添付する必要があります（代表取締役の就任承諾書への押印は認印でもかまいません）。設立時監査役がいる場合には、印鑑証明書の提出は求められませんので、就任承諾書に記載した氏名、住所が確認できる本人確認証明書の添付が必要になります。

■婚姻前の氏の登記

たとえば、設立時平取締役の崎岡良子が、設立直前に、婚姻により崎岡から岡崎に改姓した場合、設立登記の申請に際し、申立てをすれば戸籍上の氏である岡崎と旧姓の崎岡を登記簿に併記して記録することができます。このとき申請書には、①婚姻前の氏を記録すべき役員の氏名（岡崎良子）と、②その役員の婚姻前の氏（崎岡）を記載し、戸籍謄本等を添付して提出します。

■役員を辞任する場合の添付書面

創業後の話になりますが、将来的に、設立時代表取締役の星光男が、

任期途中で代表取締役を辞任、あるいは取締役を辞任（代表取締役は退任となります）した場合、その辞任登記の申請書には、星個人の実印を押印した辞任届と印鑑証明書の添付が必要になります。ただし、星が登記所に届け出ている会社の実印を辞任届に押印した場合には、印鑑証明書の添付は不要です。

なお、印鑑証明書の添付が必要となるのは、登記所に会社の実印を提出している代表取締役、代表執行役の辞任の他、代表取締役である取締役、代表執行役である執行役の辞任に限定されますので、提出していない代表取締役等については、従来通り、印鑑証明書の添付は不要です。

登記申請書類のセットの仕方

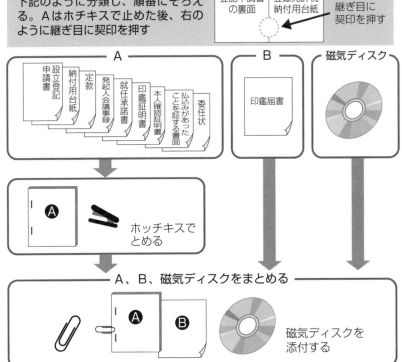

※OCR用紙の配布終了に伴い、登記すべき事項を任意の用紙に記載して提出する方法もあるが、法務局ごとに取扱いが異なるようである。

書式　登記申請書

株式会社設立登記申請書

1　商号　　株式会社　星光商事
1　本店　　東京都渋谷区××五丁目2番1号
1　登記の事由
　　　平成27年5月27日発起設立の手続終了
1　登記すべき事項
　　　別添CD-Rの通り
1　課税標準金額　　　金　1000　万円
1　登録免許税　　　　金　15　万円
1　添付書類
　　　　定款　　　　　　　　　　　　1通
　　　　発起人会議事録　　　　　　　1通
　　　　就任承諾書　　　　　　　　　4通
　　　　印鑑証明書　　　　　　　　　3通
　　　　払込みがあったことを証する書面　1通

　上記の通り、登記の申請をします。

平成27年6月1日

　　　　東京都渋谷区××五丁目2番1号
　　　　申請人　株式会社　星　光　商　事
　　　　東京都新宿区××七丁目3番2号
　　　　代表取締役　星光男
　連絡先TEL03-○○○○-○○○○

　東京法務局　渋谷出張所　御中

書式　登記すべき事項（取締役3人、代表取締役1人）

「商号」株式会社星光商事
「本店」東京都渋谷区××五丁目2番1号
「公告をする方法」官報に掲載する方法により行う。
「目的」
1．不動産の売買、賃貸、仲介及び管理
2．宅地建物取引業
3．不動産の鑑定業務
4．貸会場の経営
5．ビルメンテナンス業
6．上記各号に付随する一切の業務
「発行可能株式総数」2000株
「発行済株式の総数」200株
「資本金の額」金1000万円
「株式の譲渡制限に関する規定」
当会社の発行する株式は、すべて譲渡制限株式とし、これを譲渡によって取得するには、株主総会の承認を要する。
「役員に関する事項」
「資格」取締役
「氏名」星光男
「役員に関する事項」
「資格」取締役
「氏名」崎岡良子
「役員に関する事項」
「資格」取締役
「氏名」井田善治
「役員に関する事項」
「資格」代表取締役
「住所」東京都新宿区××七丁目3番2号
「氏名」星光男
「登記記録に関する事項」設立

書式　登録免許税納付用台紙

（登録免許税納付用台紙）

台紙と申請書との間に申請人又は代理人の契印を忘れないで下さい。

収入印紙
（15万円）

この台紙の中央に貼って下さい。

登録免許税の収入印紙
現金納付領収証書等の
貼付台紙

9 会社設立にあたってその他こんなことも知っておこう

資金の円滑な調達方法や設立後の運営に関する取り決めを準備しておく

設立登記以外にも必要な事項はある

これまで、本章では、数名による共同創業を前提に、主に設立登記の部分を中心に見てきました。

設立登記が完了することによって、一応、存在としての会社は成立することになります。しかし、会社の設立は、設立登記によって、そのすべてが完了するわけではありません。他にも準備しておく事柄があります。

たとえば、会社が成立した後に、会社が資金を円滑に調達できる方法を整えておかなければ、会社の経営はたちまち危機を迎えることがあるかもしれません。また、設立後の運営に関して、創業者間で、何ら取決めがない場合にも、具体的な運営方法が不明確であるばかりではなく、場合によっては、株式等の取扱いをめぐり、創業者間で紛争が生じるおそれもあります。以下では、会社設立の際に、登記手続き以外にも知っておくべき事項について見ていきましょう。

種類株式を発行することもできる

まず会社設立にあたって、整えておくべき事柄の1つに、種類株式の発行に関する手続きを挙げることができます。会社は、株式の種類に関して、異なる種類の株式を発行することが、会社法によって認められています。

種類株式とは、権利の内容が異なる2種類以上の株式のことです。会社は内容の異なる株式を発行することができ、種類株式を発行する株式会社のことを種類株式発行会社といいます。会社法では、議決権の制限を設ける株式や、譲渡制限を設ける株式、株主の要求によって会社に取得を請求できる規定を置く（取得請求権規定）株式、または、対象となる株の保有者だけで取締役や監査役を選ぶことができる権利（役員選任権）が与えられている株式など、9種類の種類株式が規定されています。

そして、会社の設立にあたり、後の資金調達を円滑に進めるために、種類株式として発行すると定めてお

第3章 株式会社の設立登記

くとよい株式に、優先株式を挙げることができます。

優先株式とは、あらかじめ剰余金の配当や残余財産の分配に優劣を設けておき、優先株式を持つ者に対して、他の株主よりも有利な、高値を配当するという内容の株式をいいます。この優先的な配当等がインセンティブになり、会社に対して投資する者が多くなり、優先株式を発行することで、会社は円滑な資金調達手段を確保できます。

共同創業者間で株主間契約を結ぶ

創立時には共同して会社を成立したにもかかわらず、後になって創業者同士が仲違いを起こし、そのために、会社の経営に影響を及ぼすような事態も避けなければなりません。たとえば、創業時の株主の1人が、会社を退職することになった場合に、その人が持っている株式の割合が高く、会社が買取りを希望している場合を考えてみましょう。退職する創業時の株主が、適正価格での買取を拒み、価格を吊り上げた場合などには、会社の経営に対して大きな影響を与えることになりかねません。

このように、事後的に生じ得る紛争をも防ぐために、会社創業時に予防策を講じておく必要があります。その方法が、**株主間契約**を結んでおくという方法です。

株主間契約とは、成立後の会社の運営等について、契約によって株主間であらかじめ取決めを行っておくことをいいます。そして、上記のような、創業時の株主が退職する場合について、創業時に株主間契約を結んでおくことで、紛争を予防することができます。つまり、株主間契約で、共同創業者が退職する場合には、その者が持つ株式については、社長が買取ることに決める、という内容を定めておくことで、退職者が買取を拒むおそれはなくなります。また契約の条項の中で、買取の際には、時価としての株価に関係なく、退職者が出資時に支払った額で買取ることにすると決めておくことで、退職者が不当に価格を吊り上げることを防ぐことも可能になります。

なお、株主間契約には、事後の紛争予防の他に、他の株主の承認を受けなければ株式を譲渡できないとする同意条項や、取締役の選任に関して、当事者が合意することで議決権を行使する、議決権拘束契約等を結んでおくことも可能です。

第4章

設立後の税金、労務、社会保険の手続き

1 法人設立時の社会保険関係の手続きについて知っておこう

提出期限までに届出をする

届出の種類によって違う提出先

　新たに会社を設立する場合、個人開業の場合と比べると複雑な事前準備が必要になります。法人を設立する場合、定款作成や登記手続が必要になるため、個人開業と比べて手間隙がかかるためです。その他に、「事務所を借りる」「事務用機器を用意する」「製造機械を購入する」「従業員を募集する」「営業活動をする」といった具合に数え上げればきりがありません。会社が行う事業や職種の種類などによっても手続きが異なるものです。会社が営む業種によっては役所の許認可や担当機関への届出が必要な場合もあります。

　このような手続きのうち、役所への届出などには原則として提出期限が設けられていますから、その所定の期限までに忘れずに届出などを行わなければなりません。提出期限を守らなかった場合、後日、よけいな手続きが必要になったり、場合によっては罰則（罰金など）があったりしますから注意しましょう。

社会保険や労働保険についての届出をする

　会社を設立した場合、労働保険と社会保険の加入手続きをしなければなりません。会社を設立したとしても原則として自動的に役所のほうから社会保険や労働保険の適用になることを知らせてくるわけではないので、事業者の方から担当の役所に知らせる必要があります。

　労働保険とは、労働者災害補償保険（労災保険）と雇用保険を合わせた総称のことです。労災保険は、通勤中や業務中にケガや病気になった際、従業員や遺族を保護するために必要な保険給付を行うものです。雇用保険は、従業員が失業した場合に、従業員の生活の安定を図り、再就職を促進するために必要な給付を行うものです。

　社会保険とは、健康保険、厚生年金保険、国民年金、国民健康保険、介護保険の総称です。会社を起業する場合、健康保険と厚生年金保険の加入手続きが必要です。健康保険とは、被保険者とその家族が病気やケ

社会保険関係の届出一覧

届書・申請書名	提出者	提出期限	提出先
健康保険・厚生年金保険新規適用届	事業主	会社設立から5日以内	所轄の年金事務所
健康保険・厚生年金保険被保険者資格取得届	事業主	社会保険の被保険者に該当する人を雇った日から5日以内	所轄の年金事務所
健康保険被扶養者（異動）届（国民年金第3号被保険者関係届書）	被保険者（事業主経由）	その該当事実の発生から5日以内	所轄の年金事務所
労働保険保険関係成立届	事業主	労働者を雇った日から10日以内	所轄の労働基準監督署
労働保険概算保険料申告書	事業主	労働者を雇った日から50日以内	所轄の労働基準監督署
雇用保険適用事業所設置届	事業主	労働者を雇った日の翌日から10日以内	所轄の公共職業安定所
雇用保険被保険者資格取得届	事業主	労働者を雇った日の翌月10日まで	所轄の公共職業安定所

第4章 設立後の税金、労務、社会保険の手続き

ガをした場合（仕事中と通勤途中を除く）に必要な医療費の補助を行う制度です。**厚生年金保険**とは、被保険者が高齢になり働けなくなったとき、体に障害が残ったとき、死亡したとき（遺族の所得保障）などに年金や一時金の支給を行う制度です。労災保険、雇用保険、健康保険、厚生年金保険のどの手続きを行うかによって届出先は異なってきますので注意が必要です。

■ 労災保険の加入手続き

最初に行うのが、労災保険への加入手続きです。会社を設立して、労働者を1人でも採用した場合、その会社は強制的に労災保険に加入することになります。

労災保険を担当する役所は労働基準監督署です。労働者を雇い入れた場合、その事業は**適用事業**に該当することになるので、適用事業報告（165ページ）を労働事業監督署へ提出します。そこで、会社を設立した場合、原則として、保険関係成立の日（労働者を1人でも採用した日）から10日以内に、労働保険保険関係成立届を設立した会社の所在地を管轄する労働基準監督署（長）に提出します。管轄とは、その地域を担当（管理・監督）するという程度の意味です。

労働保険の保険料は概算で前払いすることになっています。そのため、「労働保険関係成立届」（166ページ）を提出するときは、同時に「労働保険概算保険料申告書」（労働保険概算・増加概算・確定保険料申告書、167ページ）も提出します。この申告書の提出期限と保険料の納付期限は、

労働保険と社会保険の管轄と窓口

	保険の種類	保険者	管轄	窓口
労働保険	労災保険	国（政府）	都道府県労働局	労働基準監督署
	雇用保険		都道府県労働局	公共職業安定所（ハローワーク）
社会保険	健康保険	全国健康保険協会	全国健康保険協会	年金事務所 協会の都道府県支部
		健康保険組合	健康保険組合	健康保険組合
	厚生年金保険	日本年金機構	日本年金機構	年金事務所

保険関係が成立した日から50日以内です。労働基準監督署に何度も足を運ぶ手間を省くために保険関係成立届と同時に提出するようにします。

なお、「労働保険保険関係成立届」に添付する書類に登記事項証明書（法人の場合）があります。添付書類については事前に確認しておくことが必要です。

労災保険でいう労働者には、正社員の他、パートタイマーやアルバイト、日雇労働者などのすべての労働者が含まれます。外国人についても原則として適用されます。労災保険は、使用者との関係では弱者という立場になりがちな労働者を保護するための保険制度ですから、労働者の雇用形態に関係なく適用されます。

雇用保険の加入手続き

労災保険の加入手続きが終わったら、所轄の公共職業安定所（ハローワーク）に行きます。ハローワークに提出する書類は、「雇用保険適用事業所設置届」（168ページ）です。この届出には労働基準監督署で返却してもらった「労働保険保険関係成立届」の控え（事業主控）を添付する必要があります。

適用事業所設置届の提出期限は、会社を設立して、雇用保険の加入義務のある労働者を雇った日の翌日から10日以内です。

また、「雇用保険被保険者資格取得届」（169ページ）も提出します。

なお、雇用保険適用事業所設置届、雇用保険被保険者資格取得届とともに提出する添付書類の代表例として以下のものがあります。

・登記事項証明書
・労働者名簿
・賃金台帳
・出勤簿

社会保険の加入手続き

会社を設立した場合、労働者が1人もいなくても（社長1人だけの会社であっても）、その会社は社会保険（健康保険と厚生年金保険のこと）に加入する義務があります。この点が、従業員が5人以上になったときに初めて社会保険への加入義務が生じる個人開業と大きく異なるところです。

加入の手続きをするときは、「健康保険厚生年金保険新規適用届」（170ページ）、「健康保険厚生年金保険保険料口座振替納付申出書」（172ページ）を提出します。提出先は所轄の年金事務所です。また、加入者

（加入後は「被保険者」と呼びます）についての「健康保険厚生年金保険被保険者資格取得届」（173ページ）も同時に提出します。被保険者に被扶養者である配偶者がいる場合、健康保険に関する「健康保険被扶養者異動届」（174ページ）と、年金に関する「国民年金第3号被保険者資格取得・種別変更・種別確認（3号該当）届」（175ページ）の提出が必要になります。

さらに、届出に添付する書類の代表例として以下のものがありますが、添付書類についてはあらかじめ確認しておくことが必要です。

・登記事項証明書
・住民票の写し
・賃貸借契約書の写し
・源泉所得税などの領収書、決算書、総勘定元帳
・年金手帳
・労働者名簿
・出勤簿（タイムカード）
・賃金台帳
・健康保険被扶養者届には非課税証明書、在学証明書などを添付

社会保険料は労働保険料に比べて保険料負担が重いため、保険料を滞納することも考えられます。そこで、年金事務所がその事業所が社会保険に加入した場合、保険料を支払い続けることができるかどうかを見極めてから加入させるようにしているのです。

労働者名簿

労 働 者 名 簿		
ふりがな　やまだ　たろう 氏　名　山田　太郎 生年月日　明治 大正 昭和 40年 11月 15日生　性別　男 女 住　所　〇〇〇-〇〇〇〇　東京都〇〇区〇〇町〇〇-〇〇		従事する業務の種類　経理
雇入年月日	平成10年　9月　1日	
解雇退職又は死亡	平成21年　6月　20日　解雇 退職 死亡 事由又は原因　自己都合退職	
履　歴	昭和59年3月31日　〇〇高等学校卒業 昭和59年4月1日　株式会社〇〇入社 平成10年6月30日　株式会社〇〇を自己都合により退社	

書式　適用事業報告

様式第23号の2（第57条関係）

適 用 事 業 報 告

事業の種類	事業の名称	事業の所在地（電話番号）
衣料品小売業	株式会社 緑商会	東京都品川区五反田1-2-3 電話（　　）　　　番

労働者数	種別	満18歳以上	満15歳以上満18歳未満	満15歳未満	計
通勤	男	3人	（　）	（　）	3人（　）
	女	2人	（　）	（　）	2人（　）
	計	5人	（　）	（　）	5人（　）
寄宿	男	（　）	（　）	（　）	（　）
	女	（　）	（　）	（　）	（　）
	計	（　）	（　）	（　）	（　）
総計		5人			5人

適用年月日　平成27年5月1日

備　考

平成27年5月1日

品川 労働基準監督署長　殿

使用者　職　名　株式会社 緑商会
　　　　氏　名　代表取締役 鈴木太郎 ㊞

記載心得
1　坑内労働者を使用する場合は、労働者数の欄にその数を括弧して内書すること。
2　備考の欄には適用年月日を記入すること。

書式 労働保険保険関係成立届

書式 労働保険概算保険料申告書

書式　雇用保険適用事業所設置届

雇用保険適用事業所設置届

（必ず第2面の注意事項を読んでから記載してください。）

※ 事業所番号

下記のとおり届けます。
公共職業安定所長　殿
平成 25 年 7 月 5 日

帳票種別　1 1 0 0 1

1. 事業所の名称（カタカナ）
カブシキガイシャ

事業所の名称〔続き（カタカナ）〕
ミドリショウカイ

2. 事業所の名称（漢字）
株式会社

事業所の名称〔続き（漢字）〕
緑商会

3. 郵便番号
1 4 1 - 0 0 0 0

4. 事業所の所在地（漢字）※市・区・郡及び町村名
品川区五反田

事業所の所在地（漢字）※丁目・番地
1 - 2 - 3

事業所の所在地（漢字）※ビル、マンション名等

5. 事業所の電話番号（項目ごとにそれぞれ左詰めで記入してください。）
0 3 - 3 3 2 1 - 1 1 2 3
市外局番　　市内局番　　番号

6. 設置年月日
4 - 2 5 0 7 0 1 （3 昭和 4 平成）
元号　　年　　月　　日

7. 労働保険番号
1 3 1 0 9 6 5 4 3 2 1 0 0 0
府県　所掌　管轄　基幹番号　枝番号

※公共職業安定所記載欄

8. 設置区分（1 当然 / 2 任意）
9. 事業所区分（1 個別 / 2 委託）
10. 産業分類
11. 台帳保存区分（1 日雇被保険者のみの事業所 / 2 船舶所有者）

12. 事業主	（フリガナ）住所（法人のときはまたは事業所の所在地）	シナガワクゴタンダ 品川区五反田1-2-3
	（フリガナ）名称	カブシキガイシャ ミドリショウカイ 株式会社　緑商会
	（フリガナ）氏名（法人のときは代表者の氏名）	ダイヒョウトリシマリヤク スズキ タロウ 代表取締役　鈴木　太郎　記名押印又は署名印

16. 常時使用労働者数　10人
17. 雇用保険被保険者数　一般 9人／日雇 0人
18. 賃金支払関係　賃金締切日 末日／賃金支払日 当・翌月25日
19. 雇用保険担当課名　総務課 労務係
20. 社会保険加入状況　健康保険／厚生年金保険／労災保険

13. 事業の概要（漁業の場合は漁船の総トン数を記入すること）
衣料品の小売業

14. 事業の開始年月日　平成25年 7 月 1 日
15. 廃止年月日　平成 年 月 日

備考

※ 所長　次長　課長　係長　係　操作者

（この届出は、事業所を設置した日の翌日から起算して10日以内に提出してください。）

2011. 1

書式　雇用保険被保険者資格取得届

雇用保険被保険者資格取得届

様式第2号

標準字体 0123456789
(必ず第2面の注意事項を読んでから記載してください。)

帳票種別 12101

1. 被保険者番号 3412-345678-9
2. 取得区分 2（1 新規／2 再取得）
3. 被保険者氏名 高橋　瞳
   フリガナ（カタカナ）タカハシ　ヒトミ
4. 変更後の氏名
5. 性別 2（1 男／2 女）
6. 生年月日（元号－年月日）3-580304（1 明治　2 大正　3 昭和　4 平成）
7. 事業所番号 1306-789123-4
8. 資格取得年月日 4-260901
9. 被保険者となったことの原因 2
   1 新規（新規雇用／学卒）
   2 新規（その他）雇用
   3 日雇からの切替
   4 その他
   8 出向元への復帰等（65歳以上）
10. 賃金（支払の態様－賃金月額：単位千円）1-256（月給2 週給3 日給4 時間給5 その他）
11. 雇用形態 3（1 日雇　2 派遣　3 パートタイム　4 有期契約労働者　5 季節的雇用　6 船員　7 その他）
12. 職種 3（1～9）第2面参照
13. 取得時被保険者種類（公共職業安定所記載欄）1 一般　2 短期常用　3 季節　4 高年齢（任意加入）　5 出向元への復帰（65歳以上）　等・高年齢
14. 番号複数取得チェック不要（チェック・リストが出力されたが、調査の結果、同一人でなかった場合に「1」を記入。）
15. 契約期間の定め 1（1 有　2 無）　契約期間 平成260901 から 平成270831 まで
    契約更新条項の有無 1（1 有　2 無）
16. 1週間の所定労働時間（（30）時間（00）分）
17. 事業所名 株式会社　緑商会
18. 備考
    国籍　在留資格
    在留期間　西暦　年　月　日まで　資格外活動許可の有無　有・無
    □ 派遣・請負労働者として主として17以外の事業所で就労する場合

雇用保険法施行規則第6条第1項の規定により上記のとおり届けます。

住所　品川区五反田1-2-3
事業主氏名　株式会社　緑商会
　　　　　　代表取締役　鈴木　太郎
電話番号　03-3321-1123

記名押印又は署名印

平成 26 年 9 月 3 日
公共職業安定所長　殿

社会保険労務士記載欄：作成年月日・提出代行者・事務代理者の表示／氏名／電話番号／印

※ 所長／次長／課長／係長／係／操作者

備考　確認通知　平成　年　月　日

(910) 2010. 6

書式 健康保険厚生年金保険新規適用届

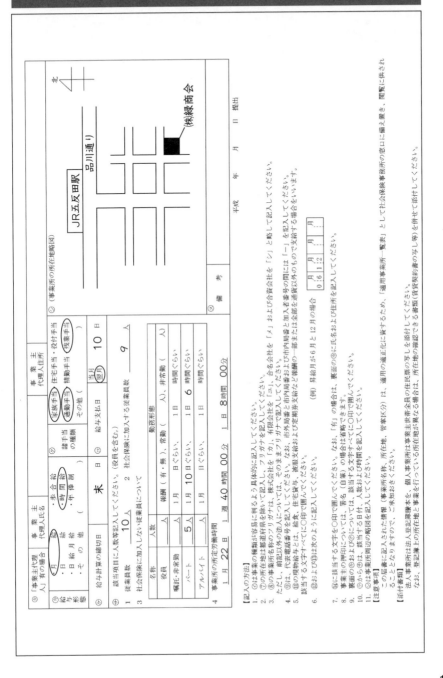

書式　健康保険厚生年金保険保険料口座振替納付申出書

届書コード	
5 9 3	届書

（社会保険事務所用）
（社会保険事務局事務所用）

決裁 | 年　月　日
所長 | 次長 | 課長 | 係長 | 担当者

健康保険　厚生年金保険　保険料口座振替納付（変更）申出書

平成 26年 7月 7日

社会保険事務所長
社会保険事務局　　　事務所長　あて

★口座振替を希望する金融機関へ提出して確認印を受けてください。

金融機関の確認印

事業所所在地　品川区五反田1－2－3
（フリガナ）カブシキガイシャ　ミドリショウカイ
事業所名称　株式会社　緑商会
（フリガナ）ダイヒョウトリシマリヤク　スズキ　タロウ
代表者氏名　代表取締役　鈴木　太郎　㊞
（事業所代表者印）
電話番号　（ 03 ）3321-1123

（預貯金口座は、社会保険事務所へお届けの所在地・名称・代表者氏名と口座名義が同一のものを指定してください。）

私は、下記により保険料等を口座振替により納付したいので、保険料額等必要な事項を記載した納入告知書は、指定の金融機関宛送付してください。

記

1．事業所整理記号・指定預金口座等

事業主記載欄	①事業所整理記号 都市区　記号	②事業所番号 （告知番号）	※③金融機関コード 銀行コード　支店コード	※原因 ④コード	※振替（変更）⑤年月分	送信	⑥口座番号 種目　番号	送信
				1.振替 2.変更			1 2　1234567	

1. 預金種目は、普通預金の場合「1」、当座預金の場合「2」に○を付けてください。
2. 口座番号は右づめで記入し、残りは「0」でうめてください。

2．口座振替を希望する金融機関（納入告知書送付先）

金融機関	郵便番号	1410000		
	フリガナ	タイトウ　シタヤ3－4－5		
	所在地	品川区五反田3－4－5		
	フリガナ	トビウオ		
	名称	とびうお	銀行　信用金庫 信用組合　農協 労働金庫　漁協　五反田	本店　㊀支店 本所　支所

3．対象保険料等　　健康保険料、厚生年金保険料および児童手当拠出金

受付日付印

4．振替納入指定日　　納期の最終日（休日の場合は翌営業日）

5．振替開始（希望）　平成26年 7月分保険料（平成26年 8月31日納入分）から
　　　　　　　　　　（例）平成○年 5月分保険料（平成○年 6月30日納入分）から

注）1.※欄は記入しないでください。
　　2.口座振替を希望する金融機関、指定預金口座等を変更するときは、直ちにこの用紙によりお届けください。
　　3.提出された時期により、振替開始（希望）月が翌月以降になることがありますのでご了承ください。

書式　健康保険厚生年金保険被保険者資格取得届

健康保険
厚生年金保険
被保険者資格取得届

届書コード	処理区分
2 0 0	

所長	次長	課長	係長	係員

①健康保険被保険者証の記号	②事業所番号
品 A B C	123456

③※健康保険被保険者証の番号	④被保険者の氏名	⑤生年月日	⑥種別(性別)	⑦取得区分	⑧基礎年金番号	⑨※作成原因	⑮資格取得年月日	⑰報酬月額	⑯※標準報酬月額	⑱
15	(氏) 池上 イケガミ　(名) 雪子 ユキコ	⑤ 610910	②	①新	2117500126		260401	㋑通貨によるものの額 180,000円　㋒現物によるものの額 0円　㋓合計 180,000円	180　180	無

⑪郵便番号 1350042
⑫被保険者住所 トウキョウ 東京 都(県) コウトウク キバ 江東区木場1-2-0

平成26年 4月10日 提出

受付日付印

事業所所在地	〒141－0000 東京都品川区五反田1-2-3
事業所名称	株式会社緑商会
事業主氏名	代表取締役　鈴木　太郎　㊞
電話	03（3321局）1123 番

社会保険労務士の提出代行者印 ㊞

◎記入の方法は裏面に書いてありますのでご覧ください。
◎「※」印欄は記入しないでください。

書式 健康保険被扶養者届

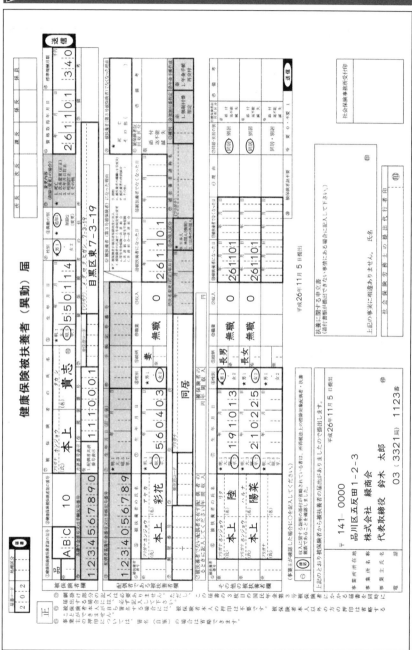

書式 国民年金第3号被保険者資格取得・種別変更・種別確認（3号該当）届

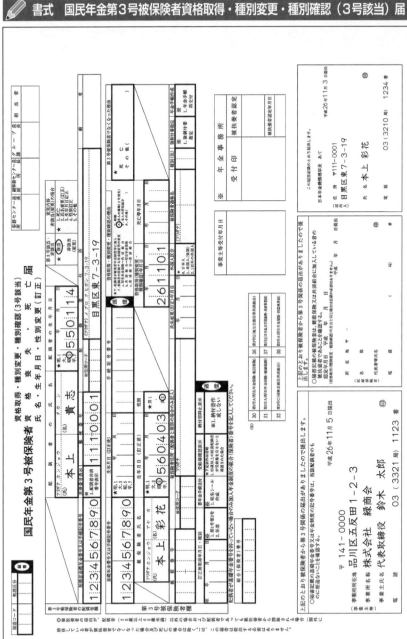

2 法人設立時の税金関係の手続きについて知っておこう

消費税については当初の2年間は免税事業者となる

税務署に提出する書類

新たに会社などを設立した場合の税金関係の届出について確認しておきましょう。会社には国税として、法人税や消費税などの税金がかかります。国税についての届出・申告・申請は所轄の税務署（長）に対して行うことになります。

株式会社を新たに設立したときは、納税地（会社が存在するところ）の所轄税務署長に所定の届出を提出する必要があります。まず、納税地、事業の目的、設立の日などを記載した「法人設立届出書」（180ページ）を提出します。提出期限は会社設立の日以後2か月以内です。

「法人設立届出書」に添付する書類としては、①定款の写し、②履歴事項全部証明書、③株主（出資者）名簿、④現物出資者の名簿、⑤設立趣意書、⑥貸借対照表（設立時点のもの）、⑦本店（本社）所在地の略図などがあります。また、会社設立と同時に労働者を雇うことになるでしょうから、事務所を開設した日から1か月以内に、「給与支払事務所等の開設届出書」（181ページ）を提出します。

給与を支払うべき労働者の人数が常時10人未満であるときは、「源泉所得税の納期の特例の承認に関する申請書」（185ページ）を提出することで源泉所得税を年2回（7月と1月）にまとめて納付することができます。

さらに、青色申告をする場合には「青色申告の承認申請書」（186ページ）を、会社設立の日以後3か月を経過した日と設立第1期の事業年度終了の日のうちいずれか早い日の前日までに提出する必要があります。税務署に行くと、これらの届出書が一式になってつづられたものが用意してあります。届出書の提出期限はまちまちですが、税務署に何回も足を運ぶのは面倒ですから、すべての書類をそろえて会社設立後1か月以内に提出するようにしましょう。

その他必要に応じて提出するものとして、棚卸資産の評価方法を選定

する場合に提出する「棚卸資産の評価方法の届出書」(182ページ)、減価償却資産の償却方法を選定する場合に提出する「減価償却資産の償却方法の届出書」(183ページ)、有価証券を所有していなかった法人が有価証券を新たに取得した場合に提出する「有価証券の一単位当たりの帳簿価額の算出方法の届出書」(184ページ)があります。

消費税についての届出

資本金の額が1000万円以上かどうかによって扱いが異なります。

資本金1000万円以上の会社を設立したときは、設立初年度から消費税

新たに会社を設立した場合に税務署に届出が必要になる書面

提出書類	添付書類	提出期限
法人設立届出書	①設立時の貸借対照表 ②定款等の写し ③設立の登記の登記事項証明書（履歴事項全部証明書） ④株主等の名簿の写し ⑤合併等により設立されたときは、被合併法人等の名称及び納税地を記載した書類と合併等が行われた日を明らかにする書類の写し ⑥法人が連結子法人である場合には連結親法人の名称及びその納税地を記載した書類 ⑦設立趣意書	設立の日以後 2か月以内
青色申告の承認申請書	なし	設立の日以後3か月を経過した日と設立第1期の事業年度終了の日のうち早い方
給与支払事務所等の開設・移転・廃止届出書	なし	設立の日以後 1か月以内
源泉所得税の納期の特例の承認に関する申請書	なし	随時

が課税されます。その場合、「法人設立届出書」を税務署に提出する際に、「(消費税法上の)新設法人」の欄に必要事項を記載します。

一方、資本金1000万円未満の会社を設立したときは、原則として、設立事業年度は消費税が課されません。また、翌事業年度においても、設立事業年度の前半期の課税売上高又は給与等支給額が1000万円以下であれば、消費税は課されません。この場合、設立当初の2年間は免税事業者になります。そのため、消費税関連の届出は不要です。なお、設立時の資本金が1000万円未満であっても、設立事業年度前半期の課税売上高等が1000万円を超えれば、翌事業年度は課税事業者ではなくなってしまうことに注意が必要です。また、設立の翌事業年度まで免税事業者でいたとしても、設立後のその会社の売上高次第で、設立第3期から消費税が課税されることがあります。これは、基準期間である前々事業年度の課税売上高が1000万円を超えた場合に消費税が課されるためです。

また、免税事業者であっても「消費税課税事業者選択届出書」(187ページ)を提出することで、消費税の課税事業者となることができます。

設立初年度に「店舗を新設する」「設備などを購入する」といったような多額の設備投資を行う予定があるときは、消費税の課税事業者となることで消費税の還付を受けることができる可能性があります。

なお、いったん「消費税課税事業者選択届出書」を提出すると、売上金額の多少にかかわらず、その後、2年間は消費税の課税事業者でいなければなりません。そのため、必ず税理士などの専門家に相談して助言を受けるようにしましょう。

また、一定規模以下(前々事業年度の課税売上高が5000万円以下の場合)の会社では、売上高から納める消費税の額を計算する簡易な課税方式(簡易課税制度)を採用することができます。この制度については、設立初年度から適用を受けることもできます。簡易課税制度の適用を受けようとする会社は、「消費税簡易課税制度選択届出書」(188ページ)を提出する必要があります。この届出書は、選択しようとする課税期間が事業を開始した課税期間の場合、適用を受けようとする課税期間中に提出します。2期目以降は、適用を受けようとする課税期間が始まる前の日までに選択届出書を提出す

る必要があります。簡易課税制度は、事業を廃止した場合を除いて2年間継続して適用を受けなければなりません。なお、簡易課税制度の適用を取りやめる場合は、適用をとりやめる課税期間が始まる前の日までに「消費税簡易課税制度選択不適用届出書」を提出する必要があります。この場合、とりやめる課税期間の初日から課税仕入れに関する請求書や帳簿を保存しなければなりません。

都道府県に提出する書類

新たに事業を開始した場合、その事業所が所在する都道府県にも所定の届出を提出する必要があります。

具体的には、「法人設立・設置届出書」または「法人設立届出書」(189ページ)といった書類を都道府県税事務所に提出します。添付書類は以下のような書類があります。添付書類についてはあらかじめ確認しておくことが必要です。

・定款などの写し（コピーでよい）
・履歴事項全部証明書

市区町村に提出する書類

新しく会社を設立した場合や、事務所、事業所などを開設した場合は、「法人の事務所、事業所等の開設申告書」を市区町村に提出します。提出の際には、履歴事項全部証明書と定款の写しを添付します。また、その後、商号、所在地、代表者、事業年度、資本金などの異動（変更）や、事務所、事業所の廃止、解散が生じた場合は、そのつど「法人等の異動届」を提出します。異動届を提出する場合も履歴事項全部証明書などの異動の事実がわかる書類を添付します。

従業員を雇用した場合、住民税の徴収との関係で市区町村への手続きが必要になるケースがあります。会社が中途採用した従業員が、前職でも特別徴収されており、そのまま特別徴収を継続する意思がある場合、「給与支払報告・特別徴収にかかる給与所得者異動届出書」(190ページ)を提出します。また、新たに採用した従業員が、採用するまでは自身で住民税を納付（普通徴収）していたような場合で、特別徴収での納付を希望する場合は、「市民税・都民税の特別徴収への切替申請書」(191ページ) を提出します。

書式　法人設立届出書

法人設立届出書

※整理番号：

税務署受付印

平成27年6月10日

渋谷 税務署長殿

新たに内国法人を設立したので届け出ます。

（フリガナ）法人名	カブシキガイシャ　ホシミツショウジ　株式会社　星光商事
本店又は主たる事務所の所在地	〒150-○○○○　東京都渋谷区××五丁目2番1号　電話(03)○○○○-○○○○
納税地	〒　同上
（フリガナ）代表者氏名	ホシ　ミツオ　星　光男　㊞（法人代表印）
代表者住所	〒160-○○○○　東京都新宿区××7丁目3番2号　電話(03)××××-××××
設立年月日	平成27年6月1日
事業年度	(自)4月1日 (至)3月31日
資本金又は出資金の額	10,000,000円
消費税の新設法人に該当することとなった事業年度開始の日	平成27年6月1日

事業の目的

（定款等に記載しているもの）
1. 不動産の売買、賃貸、仲介及び管理
2. 宅地建物取引業　3. 不動産の鑑定業務
4. 貸会場の経営　5. ビルメンテナンス業
6. 上記各号に付随する一切の業務

（現に営んでいる又は営む予定のもの）
・不動産の売買、賃貸、仲介及び管理
・貸会場の経営
・ビルメンテナンス業

支店・出張所・工場等

名称	所在地

設立の形態

1. 個人企業を法人組織とした法人である場合
2. 合併により設立した法人である場合
3. 新設分割により設立した法人である場合（□分割型・□分社型・□その他）
4. 現物出資により設立した法人である場合
5. その他（　　　）

設立の形態が1～4である場合の設立前の個人企業、合併により消滅した法人、分割法人又は出資者の状況

事業主の氏名、合併により消滅した法人の名称、分割法人の名称又は出資者の氏名、名称	納税地	事業内容等

設立の形態が2～4である場合の適格区分：適格・その他

事業開始（見込み）年月日：平成27年6月1日

「給与支払事務所等の開設届出書」提出の有無：㊇有・無

関与税理士

氏名	
事務所所在地	
電話	(　　)　-

添付書類等

1. 定款等の写し
2. 登記事項証明書（履歴事項全部証明書）、登記簿謄本又はオンライン登記情報提供制度利用（照会番号：　　　）（発行年月日：　年　月　日）
3. 株主等の名簿
4. 設立趣意書
5. 設立時の貸借対照表
6. 合併契約書の写し
7. 分割計画書の写し
8. その他（　　　）

設立した法人が連結子法人である場合

連結親法人名	
連結親法人の納税地	〒　　電話(　　)　-
所轄税務署	

「完全支配関係を有することとなった旨等を記載した書類」の提出年月日

連結親法人	連結子法人
年　月　日	年　月　日

税理士署名押印：　　　　　㊞

※税務署処理欄：部門／決算期／業種番号／入力／名簿／通信日付印／年月日／確認印

21.06改正　　　（法1201）（規格A4）

書式　給与支払事務等の開設届出書

書式　棚卸資産の評価方法の届出書

棚卸資産の評価方法の届出書

※整理番号
※様グループ通算番号

税務署受付印

平成27年6月10日

渋谷 税務署長殿

提出法人：☑単体法人　□連結親法人

(フリガナ) カブシキガイシャ ホシミツショウジ
法人名等：**株式会社　星光商事**

納税地：〒150-○○○○
東京都渋谷区××五丁目2番1号
電話(03)○○○○-○○○○

(フリガナ) ホシ ミツオ
代表者氏名：**星　光男** ㊞

代表者住所：〒160-○○○○
東京都新宿区××7丁目3番2号

事業種目：**不動産** 業

連結子法人（届出の対象が連結子法人である場合に限り記載）

(フリガナ)
法人名等：
本店又は主たる事務所の所在地：〒　(　局　署)　電話(　)　－
(フリガナ)
代表者氏名：
代表者住所：〒
事業種目：　　　業

※税務署処理欄：整理番号／部門／決算期／業種番号／整理簿／回付先　□親署⇒子署　□子署⇒調査課

棚卸資産の評価方法を下記のとおり届け出ます。

記

事業の種類（又は事業所別）	資産の区分	評価方法
不動産業	商品又は製品	個別法による原価法
	半製品	
	仕掛品（半成工事）	
	主要原材料	
不動産業	補助原材料 その他の棚卸資産	先入先出法による原価法

参考事項：
① 新設法人等の場合には、設立等年月日　　　平成27年6月1日
② 新たに他の種類の事業を開始した場合又は事業の種類を変更した場合には、開始又は変更の年月日　平成　年　月　日
③ その他

税理士署名押印：　　　　　　　　　　㊞

（規格A4）

※税務署処理欄：部門／決算期／業種番号／整理簿／備考／通信日付印　年月日／確認印

23.12改正　　　（法1305）

書式　減価償却資産の償却方法の届出書

減価償却資産の償却方法の届出書

※整理番号
※連結グループ整理番号

平成27年6月10日

届出法人：☑単体法人 □連結親法人 □連結子法人

（フリガナ）カブシキガイシャ　ホシミツショウジ
法人名等：株式会社　星光商事
納税地：〒150-○○○○　東京都渋谷区××五丁目2番1号
電話（03）○○○○-○○○○
（フリガナ）ホシ　ミツオ
代表者氏名：星　光男　㊞
代表者住所：〒150-○○○○　東京都新宿区××7丁目3番2号
事業種目：不動産業

渋谷税務署長殿

連結子法人（届出の対象が連結子法人である場合に限り記載）
（フリガナ）
法人名等：
本店又は主たる事務所の所在地：〒　（局　署）　電話（　）　－
（フリガナ）
代表者氏名：
代表者住所：〒
事業種目：　　　業

※税務署処理欄
整理番号／部門／決算期／業種番号／整理簿／回付先　□親署⇒子署　□子署⇒調査課

減価償却資産の償却方法を下記のとおり届け出ます。

記

資産、設備の種類	償却方法	資産、設備の種類	償却方法
建物附属設備			
構築物			
船舶			
航空機			
車両及び運搬具	定率法		
工具			
器具及び備品	定率法		
機械及び装置			
（　　）設備			
（　　）設備			

参考事項：①新設法人等の場合には、設立等年月日　平成27年6月1日
　　　　　②その他

税理士署名押印　㊞

※税務署処理欄：部門／決算期／業種番号／整理簿／備考／通信日付印　年　月　日／確認印

23.12改正　　　　　　　　　　　　　　　　　（法1311）

（規格A4）

書式 有価証券の一単位当たりの帳簿価額の算出方法の届出書

有価証券の一単位当たりの帳簿価額の算出方法の届出書

税務署受付印

平成27年7月1日

渋谷 税務署長殿

届出人：☑単体法人 □連結法人

（フリガナ）		カブシキガイシャ ホシミツショウジ
法人名等		株式会社 星光商事
納税地		〒150-0000 東京都渋谷区××五丁目2番1号 電話（03）〇〇〇〇-〇〇〇〇
（フリガナ）代表者氏名		ホシ ミツオ 星 光男 ㊞
代表者住所		〒160-0000 東京都新宿区××7丁目3番2号
事業種目		不動産 業

連結子法人（届出の対象が連結子法人である場合に限り記載）

（フリガナ）法人名等	
本店又は主たる事務所の所在地	〒 （局 署） 電話（ ） －
（フリガナ）代表者氏名	
代表者住所	〒
事業種目	業

※税務署整理番号／部門／決算期／業種番号／整理簿／回付先 □親署⇒子署 □子署⇒調査課

有価証券の一単位当たりの帳簿価額の算出方法を下記のとおり届け出ます。

区分	種類	算出方法	新たに取得した年月日
売買目的有価証券	株券	⦿移動平均法・総平均法	27年 6月 22日
		移動平均法・総平均法	年 月 日
満期保有目的等有価証券	社債券	⦿移動平均法・総平均法	27年 6月 22日
		移動平均法・総平均法	年 月 日
		移動平均法・総平均法	年 月 日
その他有価証券		移動平均法・総平均法	年 月 日
		移動平均法・総平均法	年 月 日

参考事項

税理士署名押印 ㊞

※税務署処理欄：部門／決算期／業種番号／整理簿／備考／通信日付印 年 月 日／確認印

（規格A4）

20.06改正　　（法1306）

書式 源泉所得税の納期の特例の承認に関する申請書

源泉所得税の納期の特例の承認に関する申請書

税務署受付印

※整理番号

(フリガナ)	カブシキガイシャ ホシミツショウジ
氏名又は名称	株式会社 星光商事
住所又は本店の所在地	〒150-○○○○ 東京都渋谷区××五丁目2番1号 電話 03-○○○○-○○○○
(フリガナ)	ホシ ミツオ
代表者氏名	星 光男 ㊞

平成27年 6月 10日

渋谷 税務署長殿

次の給与支払事務所等につき、所得税法第216条の規定による源泉所得税の納期の特例についての承認を申請します。

給与支払事務所等に関する事項	給与支払事務所等の所在地 ※ 申請者の住所(居所)又は本店(主たる事務所)の所在地と給与支払事務所等の所在地とが異なる場合に記載してください。	〒 電話 - -		
	申請の日前6か月間の各月末の給与の支払を受ける者の人員及び各月の支給金額 〔外書は、臨時雇用者に係るもの〕	月区分	支給人員	支給額
		年 月	外 人	外 円
		年 月	外 人	外 円
		年 月	外 人	外 円
		年 月	外 人	外 円
		年 月	外 人	外 円
		年 月	外 人	外 円
	1 現に国税の滞納があり又は最近において著しい納付遅延の事実がある場合で、それがやむを得ない理由によるものであるときは、その理由の詳細 2 申請の日前1年以内に納期の特例の承認を取り消されたことがある場合には、その年月日			

税理士署名押印 ㊞

※税務署処理欄	部門	決算期	業種番号	入力	名簿	通信日付印	年月日	確認印

24.12改正

(源1401-1)

書式　青色申告の承認申請書

青色申告の承認申請書

※整理番号

平成27年6月10日

（フリガナ）カブシキガイシャ　ホシミツショウジ
法人名等　株式会社　星光商事

納税地　〒150-0000
東京都渋谷区××五丁目2番1号
電話（03）○○○○-○○○○

（フリガナ）ホシ　ミツオ
代表者氏名　星　光男　㊞

代表者住所　〒160-0000
東京都新宿区××7丁目3番2号

事業種目　不動産　業

資本金又は出資金額　10,000,000円

渋谷 税務署長殿

自平成27年6月1日
至平成28年3月31日

事業年度から法人税の申告書を青色申告によって提出したいので申請します。

記

1　この申請書が次に該当するときには、それぞれ□にレ印を付すとともに該当の年月日を記載してください。

- □ 青色申告書の提出の承認を取り消され、又は青色申告書による申告書の提出をやめる旨の届出書を提出した後に再び青色申告書の提出の承認を申請する場合には、その取消しの通知を受けた日又は取りやめの届出書を提出した日　平成　年　月　日

- ☑ この申請後、青色申告書を最初に提出しようとする事業年度が設立第一期等に該当する場合には、内国法人である普通法人又は協同組合等にあってはその設立の日、内国法人である公益法人等又は人格のない社団等にあっては新たに収益事業を開始した日、公益法人等（収益事業を行っていないものに限ります。）に該当していた普通法人又は協同組合等にあっては当該普通法人又は協同組合等に該当することとなった日　平成27年6月1日

- □ この申請後、青色申告書を最初に提出しようとする事業年度が連結納税から離脱した（連結親法人による連結完全支配関係を有しなくなった）日を含む事業年度である場合には、その離脱した日　平成　年　月　日

- □ 連結法人である内国法人が自己を分割法人とする分割型分割を行った場合には、分割型分割の日　平成　年　月　日

- □ 内国法人が、法人税法第4条の5第2項第4号又は第5号（連結納税の承認の取消し）の規定により第4条の2（連結納税義務者）の承認を取り消された場合には、取り消された日　平成　年　月　日

- □ 内国法人が、法人税法第4条の5第2項各号の規定により第4条の2の承認を取り消された場合は、取り消された日　平成　年　月　日

2　参考事項
(1) 帳簿組織の状況

伝票又は帳簿名	左の帳簿の形態	記帳の時期	伝票又は帳簿名	左の帳簿の形態	記帳の時期
現金出納帳	装丁帳簿	毎日	買掛帳	ルーズリーフ	随時
手形帳	ルーズリーフ	随時	振替伝票	単票形式	毎日
売掛帳	ルーズリーフ	随時	総勘定元帳	装丁帳簿	毎日

(2) 特別な記帳方法の採用の有無
　　伝票会計採用
　㊀ 電子計算機利用

(3) 税理士が関与している場合におけるその関与度合

税理士署名押印　　　　　　　　　　　　　　　　㊞

※税務署処理欄	部門	決算期	業種番号	入力	備考	通信日付印	年　月　日	確認印

規格A4

24.06改正　　　　　　　　　　　　　　　　　（法1301）

書式　消費税課税事業者選択届出書

第1号様式

消費税課税事業者選択届出書

収受印 平成27年5月27日	届出者	（フリガナ）納税地	トウキョウトシブヤク○○5-2-1（〒150-0000）東京都渋谷区××五丁目2番1号（電話番号 03-0000-0000）
		（フリガナ）住所又は居所（法人の場合）本店又は主たる事務所の所在地	トウキョウトシブヤク○○5-2-1（〒150-0000）東京都渋谷区××五丁目2番1号（電話番号 03-0000-0000）
		（フリガナ）名称（屋号）	カブシキガイシャ　ホシミツショウジ株式会社　星光商事
		（フリガナ）氏名（法人の場合）代表者氏名	ホシ　ミツオ星　光男 ㊞
渋谷 税務署長殿		（フリガナ）（法人の場合）代表者住所	トウキョウトシンジュクク××7-3-2東京都新宿区××7丁目3番2号（電話番号 03-XXXX-XXXX）

下記のとおり、納税義務の免除の規定の適用を受けないことについて、消費税法第9条第4項の規定により届出します。

適用開始課税期間	自 平成27年6月1日	至 平成28年3月31日
上記期間の基準期間	自 平成　年　月　日至 平成　年　月　日	左記期間の総売上高　　　　円左記期間の課税売上高　　円

事業内容等	生年月日（個人）又は設立年月日（法人）	1明治・2大正・3昭和 ④平成 27年6月1日	法人のみ記載	事業年度	自4月1日 至3月31日
				資本金	10,000,000円
	事業内容	不動産業	届出区分	事業開始・㊞設立・相続・合併・分割・特別会計・その他	

参考事項		税理士署名押印	印（電話番号　　－　　－　　）

※税務署処理欄	整理番号		部門番号					
	届出年月日	年　月　日	入力処理	年　月　日	台帳整理	年　月　日
	通信日付印	年　月　日	確認印			

注意　1．裏面の記載要領等に留意の上、記載してください。
　　　2．※印欄は、記載しないでください。

書式 消費税簡易課税制度選択届出書

第24号様式

消費税簡易課税制度選択届出書

平成27年5月25日

収受印

届出者	(フリガナ)	トウキョウト シブヤク
	納税地	(〒150-0000) 東京都渋谷区××五丁目2番1号 (電話番号 03-○○○○-○○○○)
	(フリガナ)	カブシキガイシャ ホシミツショウジ
	氏名又は名称及び代表者氏名	株式会社 星光商事 印

渋谷 税務署長殿

下記のとおり、消費税法第37条第1項に規定する簡易課税制度の適用を受けたいので、届出します。

①	適用開始課税期間	自 平成27年5月27日 至 平成28年3月31日
②	①の基準期間	自 平成 年 月 日 至 平成 年 月 日
③	②の課税売上高	円
事業内容等	(事業の内容) 不動産の売買、賃貸、仲介及び管理 (事業区分) 第6種事業	

提出要件の確認	次のイ又はロの場合に該当する (「はい」の場合のみ、イ又はロの項目を記載してください。)		はい ☑ いいえ □
	イ	消費税法第9条第4項の規定により課税事業者を選択している場合	課税事業者となった日	平成 年 月 日
			課税事業者となった日から2年を経過する日までの間に開始した各課税期間中に調整対象固定資産の課税仕入れ等を行っていない。	はい □
	ロ	消費税法第12条の2第1項に規定する「新設法人」又は同法第12条の3第1項に規定する「特定新規設立法人」に該当する(該当していた)場合	設立年月日	平成27年5月27日
			基準期間がない事業年度に含まれる各課税期間中に調整対象固定資産の課税仕入れ等を行っていない。	はい ☑
	※ この届出書を提出した課税期間が、上記イ又はロに記載の各課税期間である場合、この届出書提出後、届出を行った課税期間中に調整対象固定資産の課税仕入れ等を行うと、原則としてこの届出の提出はなかったものとみなされます。詳しくは、裏面をご確認ください。		

参考事項	
税理士署名押印	印 (電話番号 - -)

※税務署処理欄	整理番号		部門番号					
	届出年月日	年 月 日	入力処理	年 月 日	台帳整理	年 月 日		
	通信日付印	年 月 日	確認印					

注意 1. 裏面の記載要領等に留意の上、記載してください。
2. ※印欄は、記載しないでください。

書式 法人設立（設置）届出書

書式　給与支払報告・特別徴収にかかる給与所得者異動届出書

書式　市民税・都民税の特別徴収への切替申請書

特別区民税・都民税
普通徴収から特別徴収への切替申請書

27年 6月 3日

江東区長殿

特別徴収義務者指定番号	00012345	・新規 ・不要

必ずご記入願います。

給与特別徴収義務者（支払者）	所在地	〒150-0000 東京都渋谷区××五丁目2番地1号
	フリガナ	カブシキガイシャ　ホシミツショウジ
	名称	株式会社　星光商事
	代表者の職氏名印	星　光男　印

江東区作成の納入書	愛・不要
連絡者の係	経理課
係・氏名 並びに	氏名 吉田　一
電話番号	（03）1234-0000　内線

下記の者の普通徴収 **1** 期分以降を、当社で **6** 月分より特別徴収します。
（翌月10日納期限）

[注：普通徴収の納期限が過ぎた分は、特別徴収への切替は出来ません。]

給与所得者	フリガナ	アライ　ヨウコ		
	氏名	新井　陽子	（旧姓　玉置）	
	1月1日現在の住所	東京都江東区○○1丁目2番地3号		
	現住所	同上		
	生年月日	大・昭・平　58 年 7 月 15 日		

申請理由　（○をつけてください）

○　本人より特別徴収の希望があったため
　　新規採用のため
　　正社員になったため
　　その他（　　　　　　　　　）

※江東区　処理欄

		控返送
	／	

注意事項
・二重納付防止のため、ご本人宛に送付済の、普通徴収分の納付書（切替対象分）を同封してください。
・税額通知は、月2回（15日前後と月末）発送です。おおよそ発送の1週間前が締切となります。
　特別徴収開始月は、このことと、給与計算の締切日等を考慮し、記入してください。
・公的年金等の所得がある方の年度途中での切替は、お受けできない場合があります。詳しくはお問い合わせください。

※欄以外は全てご記入をお願いします。

3 役員報酬決定・改定の手続きについて知っておこう

少人数の会社であっても法定の手続きを守ることが大切

取締役の報酬を定める

　取締役や代表取締役が自由に役員報酬額を決定できるとすると、「自分の好きなように報酬を定めることができる」という、いわゆるお手盛りの危険が生じます。そこで、お手盛りの弊害を防止するため、取締役の報酬は定款または株主総会で決定することとされています。

　取締役の報酬について、定款に定めがあればそれに従います。一方、定款に定めがない場合、株主総会の決議において、①報酬等のうち額が確定しているものについてはその額、②額が確定していないものについてはその具体的な算定方法、③金銭でないものについてはその具体的な内容を定めます。

　ただし、全取締役に支給する総報酬額が定めれば、前述したお手盛りの危険は防げますから、定款又は株主総会決議で各取締役の報酬額までを決める必要はありません。

　実務上も、定款又は株主総会で全取締役の年間報酬の総額を定め、それをどのように配分するかは、通常の業務執行として取締役が決定するのが一般的です。役員報酬を決定あるいは改定する場合、報酬総額や定款の一部変更に関する株主総会の決議や、その配分方法に関する取締役間での決定が必要になり、取締役会議事録や取締役決定書を作成することになります。取締役決定書とは、取締役会非設置会社における議事内容や業務執行の内容として決定した事項を記載する書面です。数人で会社を創業するようなケースでは、取締役会を設置せずに起業した当事者（取締役）だけで業務執行の決定を行うことになりますが、このような場合に作成する書面が取締役決定書ということになります。

　会社を創業する場合、創業時点での定款に取締役の報酬額まで記載するケースはあまりないでしょう。定款に取締役の報酬を記載していない場合、設立後3か月以内に株主総会を開催して、取締役の報酬を決定することになります。

取締役の総報酬額を減額する

194ページの書式は、取締役会非設置会社で取締役3人の会社において、以前から存在していた報酬総額を減額改定する株主総会議事録例です（第3号議案参照）。また、定款に「第○条 取締役の報酬総額は年額○○○○万円以内とする」といった報酬総額に関する定めがある場合で、報酬の減額改定をするときには、株主総会でその定款の定めを変更するという方法を採ります。

なお、本書のように定時総会で減額を決定するのではなく、期中の臨時総会で減額改定を行う場合、減額前の報酬と減額後の報酬の差額が税法上の損金として認められるためには、「経営の状況が著しく悪化したことその他これに類する理由」が必要です。そのため、期中の減額改定の理由が「経営情勢等諸般の事情を考慮して」では、法人税の計算の際に、減額前の報酬と減額後の報酬の差額が損金として認められず、不利益を受ける可能性があります。この点には注意が必要です。

各取締役の報酬を減額改定する

195ページの書式は前述の株主総会議事録を受けて、個々の取締役の報酬額を減額改定する場合の取締役決定書例です。判例によると、取締役の報酬をその取締役の同意なく一方的に減額することはできません。取締役の同意を得た上で、取締役の決定で報酬を減額する場合、「取締役報酬額改定の件」として、減額の対象となる役員と減額幅を明記するとよいでしょう。

減額された報酬が適用される平成○年○月○日以降という部分は、定時株主総会の開催後、最初に始まる取締役の職務執行期間の初日の日付を記載します（本書式では「平成○年7月1日」）。

取締役の報酬の増額

取締役の報酬を増額する場合の手続きも前述した取締役の報酬の減額手続きと基本的に同様です。

従来の総報酬額を引き上げる場合には、株主総会決議で増額後の総報酬額を決定し、個々の取締役の報酬額については、取締役会あるいは取締役による決定により定めます。

ただし、各取締役の報酬額についても株主総会議事録に「取締役○○○○　月額金60万→月額金75万」などと記載することも可能です。

書式　株主総会議案例（取締役会非設置会社での役員報酬減額の決定）

第２回定時株主総会議事録

＜開催場所、発行済株式総数、出席役員等、第１号議案、第２号議案については省略＞

第３号議案　取締役報酬額改定の件

　議長は、取締役の報酬額について、経営情勢等諸般の事情を考慮して、年額１２００万円以内（従来どおり使用人兼務取締役の使用人分給与は含まない）と減額改定し、その配分方法を取締役により決定したい旨の議案の提出を崎岡円蔵取締役より受けたため、その議案の審議を求めた。

　なお、崎岡円蔵取締役からは、上記取締役の報酬額について、前期の業績と経済情勢等との関連で相当である旨の説明がなされた。

　議長が第３号議案を議場に諮ったところ、全員一致で承認可決された。

　議長は以上をもって本日の議事を終了した旨を述べ、午前９時３０分閉会した。

　以上の決議を明確にするため、この議事録をつくり、議長及び出席取締役がこれに記名押印する。

平成○年６月２９日
株式会社星光商事　　第２回定時株主総会

　　　　　　　　　　議長代表取締役　　星　光　男　　㊞（認印でも可）

　　　　　　　　　　出席取締役　　　　崎　岡　円　蔵　㊞（認印でも可）

　　　　　　　　　　出席取締役　　　　井　田　善　治　㊞（認印でも可）

書式　取締役決定書例（個々の取締役の報酬の減額）

取締役決定書

　平成〇年6月29日午後1時30分より、東京都〇〇区〇〇一丁目2番3号の当社本店会議室において、取締役は全員一致をもって次のとおり決定した。

第1号議案　取締役報酬額改定の件

　議長は、平成〇年6月29日開催の定時株主総会の決議により承認を受けた範囲内で、平成〇年7月1日以降、各取締役の報酬月額を下記のとおり減額変更したい旨を提案し、その詳細につき説明した。

　議長が本議案の賛否を議場に諮ったところ、全員異議なく承認可決した。

記

1．代表取締役　　星光男　　改定前月額50万円→改定後月額40万円
1．取締役　　　　崎岡円蔵　改定前月額40万円→改定後月額30万円
1．取締役　　　　井田善治　改定前月額40万円→改定後月額30万円

　以上議事を明確にするため、ここに議事録を作成し、出席取締役がこれに記名押印する。

　　　　　　　　　　　代表取締役　　星　光　男　　㊞（認印でも可）

　　　　　　　　　　　取締役　　　　崎　岡　円　蔵　㊞（認印でも可）

　　　　　　　　　　　取締役　　　　井　田　善　治　㊞（認印でも可）

4 労務管理上必要なルールについて知っておこう

労働条件や労働時間の管理に注意する

労働条件通知書

労働基準法では、使用者が労働者を採用する際には労働条件を書面（労働条件通知書、198ページ）などで明示するよう求めています。

明示すべき労働条件としては、ⓐ労働契約の期間に関する事項、ⓑ就業の場所及び従事すべき業務に関する事項、ⓒ賃金の決定、計算及び支払の方法、賃金の締切り及び支払の時期並びに昇給に関する事項、などが挙げられています（労働基準法施行規則5条）。

就業規則についての届出をする

企業が定める、労働者に遵守させる会社のルールブックのことを**就業規則**といいます。就業規則には、労働者の待遇、採用、退職、解雇など人事の取扱いや服務規定（従業員がその会社の一員として日常の業務を行っていく上で念頭に置くべきルール、倫理、姿勢などについて定めた規定のこと）、福利厚生、その他の内容を定めます。始業・終業の時刻や、賃金、退職に関する事項は絶対的必要記載事項とされているため、必ず記載しなければなりません。

設立した会社にパートやアルバイトも含めて10人以上の従業員を雇用する場合には、使用者に就業規則の作成義務が生じます。作成した就業規則は、就業規則届とともに、事業所を管轄する労働基準監督署に届け出ることが必要です。

時間外労働についての届出

労働基準法では、「法定労働時間（週40時間、1日8時間）を超えて働かせてはならない」という原則があります（労働基準法32条）。

労働基準法で定められている法定の労働時間（1日8時間）を超えて労働（法定時間外労働）させる場合、または、法定の休日に労働（法定休日労働）させる場合には、あらかじめ労使間で書面による協定を締結し、時間外労働・休日労働に関する協定届（三六協定届、200ページ）を労働基準監督署長に届け出ることが必

要です。

年次有給休暇とは

年次有給休暇とは、1週1日（あるいは4週で4日）の休日以外の休みで、休んでも給料が支払われるという休暇です。「年休」「有給休暇」などと略して呼ばれることもあります。

有給休暇の権利を得るには、①採用されてから6か月以上継続して勤務していること、②付与日の直近1年（採用されて6か月後に付与される有給休暇はその6か月）の全労働日の8割以上出勤したこと、の2つの条件を満たすことが必要です。

最初の6か月を経過した段階で10日間の年次有給休暇が与えられ、1年6か月を経過すると11日、2年6か月で12日となり、1日ずつ増えて行きます。そして3年6か月経過した段階から2日ずつ加算され、最大20日間与えられることになっています（下図参照）。

なお、平成27年4月現在、年次有給休暇を確実に取得できるようにすることを目的に、「5日について、毎年、時季を指定して与えなければならない」という方向で法改正が検討されています。創業後の労務管理の際には、法律や制度の改正について留意することも重要です。

有給休暇取得日数

労働日数	継続勤続年数	0.5	1.5	2.5	3.5	4.5	5.5	6.5以上
①一般の労働者、週の所定労働時間が30時間以上の短時間労働者		10	11	12	14	16	18	20
②週の所定労働時間が30時間未満の労働者								
	週の所定労働日数が4日または1年の所定労働日数が169日〜216日までの者	7	8	9	10	12	13	15
	週の所定労働日数が3日または1年の所定労働日数が121日〜168日までの者	5	6	6	8	9	10	11
	週の所定労働日数が2日または1年の所定労働日数が73日〜120日までの者	3	4	4	5	6	6	7
	週の所定労働日数が1日または1年の所定労働日数が48日〜72日までの者	1	2	2	2	3	3	3

第4章　設立後の税金、労務、社会保険の手続き

書式 労働条件通知書

（一般労働者用；常用、有期雇用型）

労働条件通知書

平成○年 4 月 1 日

○○○○ 殿

事業場名称・所在地 東京都渋谷区××五丁目2番1号
使用者職氏名 株式会社 星光商事 代表取締役 星光男

契約期間	⦅期間の定めなし⦆ 期間の定めあり（ 年 月 日〜 年 月 日） ※以下は、「契約期間」について「期間の定めあり」とした場合に記入 1 契約の更新の有無 　［自動的に更新する・更新する場合があり得る・契約の更新はしない・その他（　）］ 2 契約の更新は次により判断する。 　・契約期間満了時の業務量　　・勤務成績、態度　　・能力 　・会社の経営状況　・従事している業務の進捗状況 　・その他（　　　　　　　　　　　　　　　　　　　　　　　） 【有期雇用特別措置法による特例の対象者の場合】 無期転換申込権が発生しない期間： I （高度専門）・ II （定年後の高齢者） 　 I 特定有期業務の開始から完了までの期間（　年　か月（上限10年）） 　 II 定年後引き続いて雇用されている期間
就業の場所	本社営業部
従事すべき業務の内容	顧客の開拓、販促方法の検討 【有期雇用特別措置法による特例の対象者（高度専門）の場合】 ・特定有期業務（　　　　　　　　開始日：　　　完了日：　　）
始業、終業の時刻、休憩時間、就業時転換（(1)〜(5)のうち該当するもの一つに○を付けること。）、所定時間外労働の有無に関する事項	1 始業・終業の時刻等 (1) 始業（ 9 時 00 分）　終業（ 18 時 00 分） 【以下のような制度が労働者に適用される場合】 (2) 変形労働時間制等；（　）単位の変形労働時間制・交替制として、次の勤務時間の組み合わせによる。 　－始業（ 時 分）終業（ 時 分）（適用日　　） 　－始業（ 時 分）終業（ 時 分）（適用日　　） 　－始業（ 時 分）終業（ 時 分）（適用日　　） (3) フレックスタイム制；始業及び終業の時刻は労働者の決定に委ねる。 　（ただし、フレキシブルタイム（始業） 時 分から 時 分、 　　　　　　　　　　　　　（終業） 時 分から 時 分、 　　　　　　　　　コアタイム　 時 分から 時 分） (4) 事業場外みなし労働時間制；始業（ 時 分）終業（ 時 分） (5) 裁量労働制；始業（ 時 分）終業（ 時 分）を基本とし、労働者の決定に委ねる。 ○詳細は、就業規則第○条~~第 条、第 条~第 条、第 条~第 条~~ 2 休憩時間（ 60 ）分 3 所定時間外労働の有無（⦅有⦆　，　無　）
休　日	・定例日；毎週 日 曜日、⦅国民の祝日⦆、その他（12/30〜1/3、8/13〜15） ・非定例日；週・月当たり 日、その他（　　　　　　　　） ・1年単位の変形労働時間制の場合ー年間　　日 ○詳細は、就業規則第 条〜第 条、第 条〜第 条
休　暇	1 年次有給休暇　6か月継続勤務した場合→　10 日 　継続勤務6か月以内の年次有給休暇　（⦅有⦆・無） 　→ か月経過で 日 　時間単位年休（有・無） 2 代替休暇（有・無） 3 その他の休暇　有給（　　　　　　　　　） 　　　　　　　　　無給（慶弔休暇等　　　　） ○詳細は、就業規則第△条〜第□条、~~第 条〜第 条~~

（次頁に続く）

賃　　金	1 基本賃金　イ　月給（257,000円）、ロ　日給（　　　円）
	ハ　時間給（　　　　円）、
	ニ　出来高給（基本単価　　　円、保障給　　　円）
	ホ　その他（　　　円）
	ヘ　就業規則に規定されている賃金等級等
	2 諸手当の額又は計算方法
	イ　（　　　　　）手当10,000円　／計算方法：無遅刻・無欠席の場合）
	ロ　（　　　　　）手当32,630円　／計算方法：通勤定期券代の実費）
	ハ　（　　　　　）手当12,000円　／計算方法：家賃月額の2割相当）
	ニ　（　　　）手当　　　円　／計算方法：　　　　　　　　　　）
	3 所定時間外、休日又は深夜労働に対して支払われる割増賃金率
	イ　所定時間外、法定超　月60時間以内（ 25 ）％
	月60時間超　（ 50 ）％
	所定超　（ 25 ）％
	ロ　休日　法定休日（ 35 ）％、法定外休日（ 25 ）％
	ハ　深夜（ 25 ）％
	4 賃金締切日（**基本給**）－毎月20日、（**手当**）－毎月20日
	5 賃金支払日（**基本給**）－毎月25日、（**手当**）－毎月25日
	6 賃金の支払方法（　口座振込み　　　　）
	7 労使協定に基づく賃金支払時の控除（無、㊒（親睦会費））
	8 昇給（時期等　毎年4月業務実績を勘案の上、決定　）
	9 賞与（㊒（時期、金額等　　　　　　　），無）
	10 退職金（㊒（時期、金額等　　　　　　　），無）
退職に関する事項	1 定年制　（㊒（65歳），無　）
	2 継続雇用制度（有（　歳まで），㊓）
	3 自己都合退職の手続（退職する 14 日以上前に届け出ること）
	4 解雇の事由及び手続
	就業規則による
	○詳細は、就業規則第　条～第　条、第　条～第　条
その他	・社会保険の加入状況（㊕生年金）健康保険）厚生年金基金　その他（　　））
	・雇用保険の適用（㊒，無）
	・その他（　　　　　　　　　　　　　　　　　）

※以下は、「契約期間」について「期間の定めあり」とした場合についての説明です。
　労働契約法第18条の規定により、有期労働契約（平成25年4月1日以降に開始するもの）の契約期間が通算5年を超える場合には、労働契約の期間の末日までに労働者から申込みをすることにより、当該労働契約の期間の末日の翌日から期間の定めのない労働契約に転換されます。ただし、有期雇用特別措置法による特例の対象となる場合は、この「5年」という期間は、本通知書の「契約期間」欄に明示したとおりとなります。

※　以上のほかは、当社就業規則による。
※　労働条件通知書については、労使間の紛争の未然防止のため、保存しておくことをお勧めします。

書式　時間外労働・休日労働に関する協定届

事業の種類	事業の名称	事業の所在地（電話番号）
ソフトウェア開発業	日本パソコン株式会社	東京都港区芝中央1-2-3 （03-3987-6543）

	時間外労働をさせる必要のある具体的事由	業務の種類	労働者数（満18歳以上の者）	所定労働時間	延長することができる時間			期間
				1日	1日	1日を超える一定の期間（起算日）1か月（毎月1日）	延長することができる一定の時間 1年（4月1日）	
① 下記②に該当しない労働者	臨時の受注、納期変更	設　計	10人	1日8時間	10時間	45時間	360時間	平成26年4月1日から1年間
	月末の決算事務	経　理	5人	同　上	6時間	45時間	360時間	同　上
② 1年単位の変形労働時間制により労働する労働者	臨時の受注、納期変更	企　画	10人	同　上	6時間	42時間	320時間	同　上

	休日労働をさせる必要のある具体的事由	業務の種類	労働者数（満18歳以上の者）	所定休日	労働させることができる休日並びに始業及び終業の時刻	期間
	臨時の受注、納期変更	設　計	10人	毎週土曜・日曜	法定休日のうち1か月に1日、8:30～17:30	平成26年4月1日から1年間

〈特別条項〉
設計の業務において、通常の生産量を大幅に超える受注が集中し特に納期がひっ迫したときは、労使の協議を経て、1か月に80時間まで、1年について は450時間まで上記の時間を延長することができる。この延長時間をさらに延長できる回数は1年間に6回までとする。なお、1か月45時間を超えた場合できる回数は1年間に6回までとする。なお、1か月60時間を超えた場合の割増賃金率は25%とし、1か月60時間を超えた場合の割増賃金率は50%とする。

協定の成立年月日　平成26年　3月　12日

職名　設計課主任
氏名　川　野　三　郎

協定の当事者である労働組合の名称又は労働者の過半数を代表する者の
投票による選挙

協定の当事者（労働者の過半数を代表する者の場合）の選出方法（　　　）

平成26年　3月　15日

職名　代表取締役社長
使用者　氏名　山　田　太　郎　㊞

三田　労働基準監督署長殿

5 次年度以降に必要になる税金・社会保険の手続き

法人税の申告、年度更新、定時決定、算定基礎届の提出などがある

法人税の申告書を作成する

会社が事業で稼いだ儲けには、法人税が課税されます。納めるべき法人税の額は、自ら計算して申告しなければなりません。法人税の申告は、「法人税の確定申告書」を管轄の税務署へ提出するという方法で行います。確定申告書の提出期限は、事業年度終了の日から2か月以内です。

ただし、会計監査が終わらないため決算が確定しない場合には、申請により提出期限をさらに1か月延長することができます。

年度更新と申告書の作成

労働保険の保険料は、毎年7月10日までに1年分を概算で計算して申告・納付し、翌年度の7月10日までに確定申告の上、精算する方法をとっています。会社は、前年度の確定保険料と当年度の概算保険料を一緒に申告・納付することになります。この手続きが**年度更新**です。

年度更新の際には、賃金の総額については、「確定保険料算定基礎賃金集計表」(204ページ)を作成の上、前年度の確定保険料と当年度の概算保険料を「労働保険概算・確定保険料申告書」(203ページ)に記載し、併せて申告・納付します。

一般の会社は、労働保険料(労災保険分・雇用保険分)の徴収事務が

法人税の申告納税方法

法人税の確定申告納付	事業年度終了の日の翌日から2か月以内に申告納付
法人税の中間申告納付	前年実績による予定申告 … 前事業年度の法人税の6か月換算額を申告納付 仮決算による中間申告 … 事業年度開始の日から6か月間を1事業年度とみなして申告納付
修正申告納付	申告した法人税が少なかった場合に正しい税額を申告納付

一体として取り扱われており、労働基準監督署が窓口になります。

定時決定と算定基礎届の提出

従業員の給料に昇給や減給があった場合、今まで徴収していた社会保険料の額（標準報酬月額）が改定された給与の額に見合わないものになってしまいます。そこで、昇給により給与額が改定されることに併せて、標準報酬月額も見直しを図ることになっています。この手続きを**定時決定**といいます。

事業所に7月1日時点で在籍している被保険者を対象に4月～6月の3か月間に支払われた給与額により決定する方法です。

定時決定は法律上、7月1日～10日までに届け出ることとされていますが、実際は年金事務所から文書で日時、会場が指定されますので、そこで一斉に届出の受付が行われます。

届け出る書類は、「健康保険・厚生年金保険被保険者標準報酬月額算定基礎届」（205ページ）です。

算定基礎届には、「健康保険・厚生年金保険被保険者報酬月額算定基礎届総括表」（207ページ）を添付します。また、「健康保険・厚生年金保険被保険者標準報酬月額算定基礎届総括表附表」（208ページ）も併せて提出します。

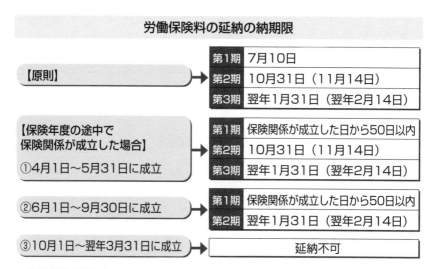

労働保険料の延納の納期限

【原則】	第1期	7月10日
	第2期	10月31日（11月14日）
	第3期	翌年1月31日（翌年2月14日）
【保険年度の途中で保険関係が成立した場合】①4月1日～5月31日に成立	第1期	保険関係が成立した日から50日以内
	第2期	10月31日（11月14日）
	第3期	翌年1月31日（翌年2月14日）
②6月1日～9月30日に成立	第1期	保険関係が成立した日から50日以内
	第2期	翌年1月31日（翌年2月14日）
③10月1日～翌年3月31日に成立	延納不可	

※労働保険事務組合に委託している場合はカッコ内の日付となる

書式　労働保険概算・確定保険料申告書

書式　確定保険料算定基礎賃金集計表

労働保険番号	府県 13	所掌 1	管轄 09	基幹番号 654321	枝番号 000		事業の名称	株式会社　緑商会		電話番号 03 (3321) 1123		具体的な業務又は作業の内容
受入者数 出向者数		出向労働者の有無		0 名 0 名			事業所の所在地	東京都品川区五反田1-2-3		郵便番号 141－0000		衣料品の小売業

労災保険・一般拠出金対象労働者数及び賃金　　　　　　　　　　　　　　　　　　　　　　　　　　雇用保険対象被保険者数及び賃金

区分 月別	① 常用労働者		② 役員で労働者扱いの者		③ 臨時労働者		④ 合計 (①+②+③)		⑤ 被保険者		⑥ 役員で被保険者扱いの者		⑦ 合計 (⑤+⑥)		⑧ うち高年齢労働者分	
	人	円	人	円	人	円	人	円	人	円	人	円	人	円	人	円
平成26年 4月	9	6,010,000					9	6,010,000	9	6,010,000			9	6,010,000		385,005
5月																
6月																
7月	9	6,010,000			1	190,000	10	6,200,000	9	6,010,000			9	6,010,000	2	380,200
8月	9	6,150,650			1	208,000	10	6,358,650	9	6,150,650			9	6,150,650	2	416,000
9月	10	6,120,250			1	210,000	11	6,330,250	10	6,120,250			10	6,120,250	2	391,100
10月	10	6,145,100			1	185,000	11	6,408,355	10	6,145,100			10	6,145,100	2	398,895
11月	9	6,210,355			1	198,000	10	6,476,128	9	6,210,355			9	6,210,355	2	505,235
12月	8	6,250,628			1	225,500	9	6,545,624	8	6,250,628			8	6,250,628	2	485,265
平成27年 1月	8	6,310,124			1	235,500	9	6,406,254	8	6,310,124			8	6,310,124	2	453,680
2月	9	6,210,254			1	196,000	10	6,278,000	9	6,210,254			9	6,210,254	2	435,000
3月	9	6,110,000			1	168,000	10	6,278,000	9	6,110,000			9	6,110,000		
賞与26年 7月	( )	638,000	( )					638,000	( )	638,000	( )		( )	638,000		
26年12月	( )	16,580,000	( )					16,580,000	( )	16,580,000	( )		( )	16,580,000		
年　月	( )		( )						( )		( )		( )			
⑪ 合計	81	72,735,361	0		9	1,816,000	90	74,551,361	81	72,735,361	0		⑫ 81	72,735,361	⑬ 18	⑭ 3,850,380

備考

「労働保険　概算・確定保険料申告書」へ転記する人数
常時使用労働者数 ※1
⑪÷12（複数は切り捨て）
9 人

「労働保険　概算・確定保険料申告書」へ転記する人数
雇用保険被保険者数
⑫÷12（複数は切り捨て）
9 人
申告書の⑨に転記

免状対象高年齢労働者数 ※2
⑬÷12（複数は切り捨て）
2 人
「雇用保険分」欄と「労災保険分」欄の額の同一の場合のみ、申告書の⑧の（イ）に転記

「労働保険　概算・確定保険料申告書」へ転記する額

労災保険・一般拠出金分		雇用保険　分	
⑪の金額の千円未満を切り捨てた額 (A) 円	74,551 千円	⑫の金額の千円未満を切り捨てた額 (A) 円	72,735 千円
※2		※2	
		⑭の額 (B) 円	3,850 千円
		申告書の⑧の(ロ)に転記	
申告書の⑧の(イ)及び(ロ)に転記		申告書の⑧の(A)又は(A)-(B)の額を、申告書の⑧の(ハ)に記入してください。(⑧の(ロ)から(ハ)には記入不要)	

※1 船きょ、船舶、岸壁、波止場、停車場又は倉庫における貨物の取扱いの事業にあっては当該事業に使用した延労働者数を同年度の所定労働日数で除して得た労働者数
※2 「労災保険分」欄と「雇用保険分」欄の額が同一の場合のみ、申告書の⑧の(イ)に記入してください。

書式 算定基礎届（従業員にパートタイム労働者がいる場合）

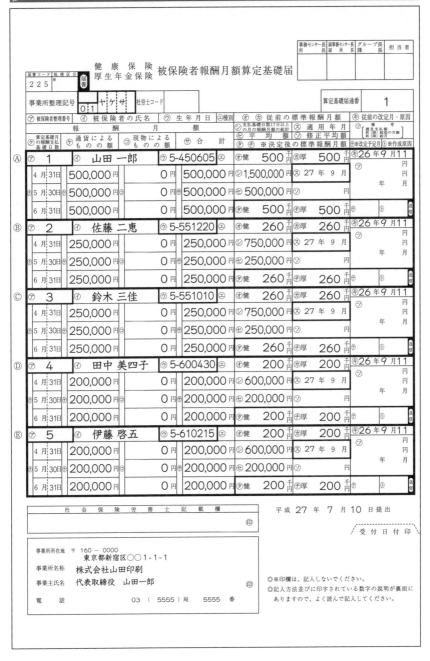

健康保険 厚生年金保険 被保険者報酬月額算定基礎届

	事務センター長所長	副事業センター長副所長	グループ長課長	担当者

届書コード: 225　処理区分: 届書

事業所整理記号: 01 ヤケサ　社労士コード:　　　算定基礎届通番: 2

	①被保険者整理番号	②被保険者の氏名	③生年月日	④種別	⑤⑥従前の標準報酬月額	⑦従前の改定月・原因
	算定基礎月・報酬支払基礎日数	報酬月額（通貨によるものの額／現物によるものの額／⑪合計）			⑫平均額／⑬修正平均額	⑭※決定後の標準報酬月額／※改定予定月／※作成原因

A
① 6	② 山本 豊六	③ 5-530525	④ 健 134千円 厚 134千円	⑤ 26年9月11
4月 15日	120,000円 / 0円 / 120,000円	⑫ 136,000円	⑬ 27年9月	円
5月 16日	128,000円 / 0円 / 128,000円	⑫ 136,000円		パート
6月 17日	136,000円 / 0円 / 136,000円	健 134千円 厚 134千円		

B
① 7	② 小林 七海	③ 5-530910	④ 健 134千円 厚 134千円	⑤ 26年9月11
4月 16日	128,000円 / 0円 / 128,000円	⑫ 248,000円	⑬ 27年9月	円
5月 15日	120,000円 / 0円 / 120,000円	⑫ 124,000円		パート
6月 14日	112,000円 / 0円 / 112,000円	健 126千円 厚 126千円		

C
① 8	② 加藤 八重	③ 5-540120	④ 健 134千円 厚 134千円	⑤ 26年9月11
4月 14日	112,000円 / 0円 / 112,000円	⑫ 136,000円	⑬ 27年9月	円
5月 17日	136,000円 / 0円 / 136,000円	⑫ 136,000円		パート
6月 13日	104,000円 / 0円 / 104,000円	健 134千円 厚 134千円		

D （空欄）

E （空欄）

社会保険労務士記載欄

平成 27年 7月 10日提出

受付日付印

事業所所在地 〒160-0000　東京都新宿区○○1-1-1
事業所名称　株式会社山田印刷
事業主氏名　代表取締役 山田一郎
電話　03（5555）局 5555 番

○※印欄は、記入しないでください。
○記入方法並びに印字されている数字の説明が裏面にありますので、よく読んで記入してください。

書式　総括表（従業員にパートタイム労働者がいる場合）

健康保険・厚生年金保険　被保険者報酬月額算定基礎届　総括表

届書コード：229

事業所整理記号	事業所番号
01ヤケサ	10000

通用年度：年　算定完了年月日：年　月　日

総合調査又は会計検査院検査年月日：年　月　日

業態：変更の有無

事業の種類（変更の有無）：印刷業　有・㊺

5月19日現在の被保険者数：男 3人　女 5人　計 8人

- 本年6月1日から7月1日までに被保険者になった人：0人
- 届書に未記載の人で5月31日までに退職した人：0人
- 7月1日現在、届書に記載されている人のうち6月30日までに退職した人：0人
- 差引届出者数：8人　8人
- 7月に月額変更する人：0人
- 8月に月額変更する人：0人
- 9月に月額変更する人：0人

報酬の支払状況欄

給与の支払日：毎月・㊺翌月　20日締切　25日支払　支払日の変更の有無：有・㊺

昇給月（ベースアップを含む）：年 1回　4月　月　月　月　　変更前の昇給月：　　昇給月の変更の有無：有・㊺

報酬の種類（現在支給している給与等を○でかこんだりまたは記載したりすること。）

	左の報酬を届に含めて いる	いない
固定的賃金：基本給、㊺給、日給、㊺間給など、家族手当、住宅手当、役付手当、物価手当、通勤手当、その他（　）	○	
非固定的賃金：残業手当、宿日直手当、皆勤手当、生産手当、その他（　）	○	
現物給与　通勤定期券乗車券など：6ヶ月、3ヶ月、1ヶ月などの定期券、通勤回数乗車券		○
現物給与　食事,住宅,その他：食事（朝、昼、夜）、住宅、被服、その他（　）		○
賞与など：賞与、期末手当、決算手当などの支給月　年　回（　月　月　月）　賞与などの支払月の変更の有無：有・無　**送信**		

変更前の賞与支払予定月：　　直近の賞与支払月：

備考：

㊺7月1日現在、賃金・報酬を支払っている人のうち被保険者となっていない人：60歳未満の人 0人　60歳以上の人 0人　合計人数 0人

㊺ 8月に月額変更する予定者氏名：被保険者整理番号　氏名
㊺ 9月に月額変更する予定者氏名：被保険者整理番号　氏名

社会保険労務士の　名称：　所在地：　㊞

平成27年　7月10日 提出

受付日付印

事業所所在地：東京都新宿区○○1-1-1
事業所名称：株式会社山田印刷
事業主氏名：代表取締役　山田一郎
電話：03-5555-5555

書式　総括表附表（従業員にパートタイム労働者がいる場合）

健康保険／厚生年金保険　被保険者報酬月額算定基礎届　**総括表附表**（雇用に関する調査票）

事業所整理記号	事業所番号	項番	業態分類
0 1　ヤ ケ サ	1 0 0 0 0	1 0	印刷業

※「事業所業態分類票」を参照して、項番及び業態分類を記入してください。（項番については、法人の場合は01～42、個人事業所の場合は51～91の数字から選択してください。）

1. 7月1日現在、賃金・報酬を支払っている人の人数を記入してください。　　8 人

2. 就業規則等で定めている一般従業員の勤務状況を記入してください。

1か月の勤務日数	1日の勤務時間
22 日	8 時間

3. 7月1日現在、賃金・報酬を支払っている人のうち被保険者となっていない人の内訳を記入してください。
（協会管掌健康保険又は厚生年金保険のいずれにも加入していない人の人数を記入してください。）

雇用形態	人数				平均的な勤務状況		
	59歳以下	60～69歳	70歳以上	合計	1か月の勤務日数	1日の勤務時間	勤務（契約）期間
パートタイマー	人	人	人	0 人	日	時間	か月・定めなし
アルバイト	人	人	人	0 人	日	時間	か月・定めなし
外国人労働者	人	人	人	0 人	日	時間	か月・定めなし
その他（役員・嘱託等）	人	人	人	0 人	日	時間	か月・定めなし
後期高齢者医療制度に加入している人	0 人						

注1：該当者がいない場合は、合計欄に0人と記入してください。
注2：「パートタイマー」、「アルバイト」欄については、「外国人労働者」を除いた人数を記入してください。

4. 請負契約をしている人、派遣労働者、被保険者のうち海外で勤務している人について記入してください。

請負契約をしていて、自社の施設等を利用し業務を行わせている人がいる。	ⓘいない ・ いる（　　人）
派遣業者から派遣されている労働者がいる。	ⓘいない ・ いる（　　人）
海外（子会社等）で勤務している人がいる。	いない ・ いる（　　人）

5. 7月1日現在の事業所の適用形態について記入してください。

① 支社(店)、工場、出張所など複数の事業所を有している。
（貴事業所が支社等の場合は、「いいえ」に○を付けてください。）　　はい ・ いいえ

② 上記①で「はい」と回答された場合に記入してください。

支社(店)、工場、出張所などの総数。	か所
複数の事業所は、それぞれ事業所単位で適用されている。	はい ・ いいえ

平成 27 年 7 月 10 日提出
受付日付印

事業所所在地　東京都新宿区○○1-1-1
事業所名称　　株式会社山田印刷
事業主氏名　　代表取締役　山田一郎

提出上の注意
・算定基礎届を提出する際に、総括表と同時に提出してください。
・該当者がいない場合でも提出してください。

記入方法は裏面を参照してください

第 5 章

毎月の経理事務の基本

1 経理の仕事について知っておこう

会社の経営状態を把握する仕事である

経理の担う役割

　創業にあたっては創業後の資金の管理について体制を整える必要があります。会社は営業活動を行い、そこから利益を生み出す組織です。**会計期間**という一定の期間を設定し、その会計期間内の様々な営業活動を、記録、計算、整理します。会計期間内の収益、費用を集計して、期間内の利益や経営・財政状態などを、会社内部だけではなく株主など外部にも報告する必要があります。この一連の営業活動による取引を記録し、会社内部、外部の関係者に決算書を公開することが**経理**の仕事です。

　経理の大きな役割には、会社経営者などに対する内部報告用会計資料の作成と、株主などに対する外部報告用の会計資料の作成があります。

　内部報告用会計とは、管理会計と呼ばれ会社の経営者が適切に経営の舵取りができるよう、会社の経営状態を正確に詳しく資料化したものです。さまざまな角度から分析・集計した、多種多様な会計資料を作成することにより、経営者はその会計資料を基にして、現在の問題点を知ることができ、その後の経営戦略を練ることができます。経営の根幹に関わることにもなる大変重要な仕事だといえます。外部報告用会計とは、財務会計と呼ばれ、貸借対照表や損益計算書など、定められたルールに基づき作成された財務諸表のことです。会社には、日頃の取引や現金の流れを正確に記録、計算、整理し、株主や債権者など、会社の利害関係者に対して会社の経営状態のわかる情報を公開する義務があります。会社の経営状態を透明化し、明確にすることにより、利害関係者に対しての信頼獲得だけでなく、社会的地位の向上にもつながります。

経理はどんな業務をするのか

　経理の仕事の根幹は、会社のお金の出入りを管理することです。日々の取引を記録し、月ごとに帳簿をまとめ、会計期間末には決算業務を行います。

経理業務については、多種類のパソコン用会計ソフトや、販売や生産・会計といった総合的な業務システムを兼ね備えたERPと呼ばれるソフトなどが浸透している状況にあり、記帳・転記・試算表や精算表作成といった業務は自動化されています。ただし、自らの業務の流れを把握する上では、複式簿記や記帳→転記→試算表や精算表作成の流れを理解することは重要だと言えるでしょう。

会社のお金の出入りの管理は、①具体的には毎日行う仕事、②月単位に行う仕事、③年間単位に行う仕事、の3つに大きく分けられます。

① **毎日行う仕事**

金庫の中にある現金から社員の交通費や出張費を精算するといった現金の出入れ（出納）、伝票（現金の出入りや取引の内容を記載する紙）の記入（起票）や整理、総勘定元帳（伝票の内容をまとめて記載するための帳面）への伝票記載事項の転記、納品書や請求書の発行、小切手や手形の振出し、現金や預金の残高確認、その日の売上や受注など営業実績の集計、外部への経費の支払いなどがあります。現金・預金の管理はしっかりして、帳簿の残高と、実際の残高の一致を毎日確かめます。随時帳簿に記帳して、毎日の業務の流れを把握できるようにします。

② **月単位に行う仕事**

月ごとの決算書類である月次決

第5章 毎月の経理事務の基本

一般的な経理事務の年間スケジュール

	主な事務	内容
1月	償却資産の申告	償却資産の調査、税額の計算
2月	予算計画策定作業	計画の立案の指示、各部署との調整
3月	予算計画策定作業	計画の立案の指示、各部署との調整
4月	本決算関連作業	月次決算のチェック、利益・損失の検証など
5月	本決算関連作業、法人税等納税	月次決算のチェック、申告書作成など
6月	本決算関連作業	月次決算のチェック、利益・損失の検証など
7月	社会保険関連の事務作業	定時決定、年度更新、夏季賞与支給に伴う事務
8月		
9月	中間決算関連作業	月次決算のチェック、利益・損失の検証など
10月	中間決算関連作業	月次決算のチェック、利益・損失の検証など
11月	中間決算関連作業	月次決算のチェック、利益・損失の検証など
12月	賞与、年末調整関連の事務作業	年末調整、冬季賞与支給に伴う事務

※表中の事務内容は3月決算の会社を想定したスケジュール

算書の作成、給与計算と支給、社員（従業員）の税金及び社会保険料の徴収・支払い、取引先への請求書の作成や送付などがあります。月次決算も重要な仕事です。

月次決算とは、月ごとの会社の決算のことです。前の月1か月の会社のお金の動きをまとめる作業で、経理担当が毎月行わなければならない重要な仕事です。月次決算は、①会計伝票の内容を仕訳帳に反映させる、②仕訳帳の内容を総勘定元帳と補助簿に反映させる、③総勘定元帳の内容を試算表に反映させる、④試算表を基に決算書を作成する、という手順で行われます。

③　年単位で行う仕事

年間の決算作業、納税作業、株主総会のための資料作成作業、次年度の予算計画の策定作業、社会保険関連の事務作業などがあります。決算業務は経理にとって最も重要な仕事です。会計期間内の売上や利益を計算し、会社の経営状態を明確にし、会計期間内に上げた利益に対する法人税の計算もしなければなりません。

年間のスケジュールをおさえる

月単位、年単位で行う作業には、それぞれの期間中に行うべき仕事のタイミング、つまりスケジュールがあります。年単位で行う作業のスケジュールは、会社の決算期によって変わりますが、ここでは、一般的に最も多い3月期決算を例にします。

最も大切で忙しいのは決算作業です。月単位の作業で行ってきた月次決算をチェックし、月ごとの儲けや損失（損益）が法律で定められた計算手法（計上基準）に従って計算されているかの検証、繰越金（次の年度に計上するお金）の計算などを行います。

さらに、これらの計算から年間の会社全体のお金の動き（決算）をまとめます。同時に決算を基に納税の作業と株主総会開催のための資料（決算書や株主からの質問に対する想定問答集）作成なども行います。これら一連の作業は4～6月と9～11月に集中します。2～3月にかけては、予算計画の実際の策定を行う部署に対して計画の立案を指示したり、各部署との調整を行います。

さらに、6～7月には、締切期間までに労働保険料の届出・納付、社会保険料の届出を担当省庁にしなければなりません。

2 決算と経理の関係について知っておこう

経理ができなくても会計はわかる

決算と経理の関係

創業後は、法定された納期限を基に法人税を納付することになります。

法人税は、株式会社などの法人が、事業年度（通常は1年間）中に稼いだ利益（所得）に対して課税される国税です。法人税申告書には、確定した事業年度の決算についての決算書を添付します。

決算とは、一定期間に会社が行った取引を整理し、会社の経営成績及び財政状態を明らかにするための手続のことです。この決算を行うためには、経理業務が必要になります。

経理の仕事については210ページで述べましたが、経理とは会社の行った取引を記録することです。経理の目的は、会社の儲けや財政状態を把握することにあります。このことで、会社内部の経営者や管理者は会社の経営状態を知り、今後の経営戦略を決定します。また、経理が作成した情報は外部に報告する必要があります。この報告書が**決算書**です。

複式簿記では、1つひとつのお金の動きを、仕訳によりもれなくひろっていきます。このときに経理担当者が判断して、売上、備品代というように内容のわかる名目（勘定科目）をつけて**仕訳**をしていきます。仕訳された後は、帳簿や試算表、その他の各種帳票として社内で決められた方法で整理されます。このように、複式簿記のスキルなどを用いてお金の動きを伝票や帳簿類に記録、整理することが経理です。

一方、決算書を読めるようになるために必要なのは会計の知識です。

会計とは、経理により整理された会社の状況を、会社外部の人が見てもわかるような形にするための一定のルールです。

決算書類の構成

仕訳は簿記のスタートです。簿記は決算が最終目的です。

では、仕訳はどのように決算に結びついていくのでしょうか。決算書類の貸借対照表や損益計算書は、「資産」「負債」「純資産」「収益」「費

用」の5つの要素によって構成されています。まず貸借対照表は、「資産」「負債」「純資産」で構成され、(借方)「資産」＝（貸方）「負債＋純資産」になります。一方、損益計算書は、「収益」「費用」で構成され、(借方)「費用（＋利益）」＝（貸方）「収益」になります。

すべての取引は、2つ以上の勘定科目を使って借方と貸方に仕訳しなければなりません。勘定科目は、「資産」「負債」「純資産」「収益」「費用」の5つの要素のどれかに仕訳されます。勘定科目の代表的なものは227ページの図の通りです。

事業年度ごとに損益を判断する

会社の経営成績については、一定の期間を人為的に区切って、その期間の会社の損益がいくらになったのかがわかるようにしています。

この一定の期間を**会計期間又は事業年度**といい、通常その期間は1年ごとに区切られています。

なお、会社の設立から解散までの全存続期間を1つの会計期間とみなして損益を求める場合もあり、これを全体損益計算といいます。

決算書とは何か

決算書とは、一連の決算作業の結果作成された、会社の一定期間の経営成績や財政状態をまとめたものです。

決算書と一口にいいますが、この決算書はいくつかの必要書類によって構成されています。平成18年5月施行の会社法では、計算書類として、貸借対照表・損益計算書・株主資本等変動計算書（会社法施行前の利益処分案）・個別注記表を定めています。

以下、決算書の各書類の概要について見ていきましょう。

① 貸借対照表

資産、負債、資本を表示する報告書であり、企業の一定時点における財政状態を明らかにするものです。会社法では、「資本の部」が「純資産の部」となり、「株主資本」「評価・換算差額等」「新株予約権」の3区分表示となっています。

② 損益計算書

一会計期間（通常は1年間）における企業の経営成績を明らかにするために作成される財務諸表で、一会計期間の儲けである利益を収益と費用の差額で表わしたものです。会社法では、「経常損益の部」「特別損益の部」の区分がなくなり、「売上高」

「売上原価」「販売費及び一般管理費」「営業外収益」「営業外費用」「特別利益」「特別損失」の7区分で表示し、「当期純利益」までの表示となっています。

③ **株主資本等変動計算書**

剰余金の配当、準備金や剰余金の振替え（剰余金から準備金への組入れのように、資本金・準備金・剰余金相互間で資金を移動させること）など、「純資産の部」の動きを明らかにする計算書です。

④ **個別注記表**

各計算書類の注記をまとめて掲載する書類です。作成すべき注記表は、会計監査人設置会社かどうか、公開会社かどうか、有価証券報告書の提出義務の有無により異なります。なお、独立した1つの表にする必要はなく、脚注方式で記載することもできます。

⑤ **キャッシュフロー計算書**

企業の一会計期間におけるキャッシュ（現金及び現金同等物）の収支を報告するために作成される財務諸表です。

⑥ **附属明細表**

貸借対照表、損益計算書、キャッシュフロー計算書の記載を補足するもので、重要な事項について、その内容及び増減状況などを明らかにするためのものです。

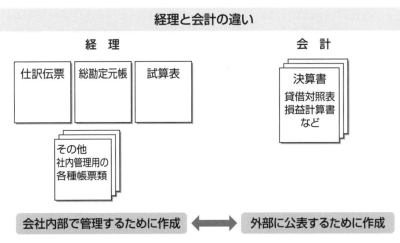

経理と会計の違い

※上図は、お金の動きを伝票や帳簿類に記録・整理することを「経理」とし、経理により整理された会社の状況を会社外部の人が見てもわかるような形にするための一定のルールを「会計」とする立場に基づいて作成したもの

3 伝票や証憑書類の扱いはどうする

証憑書類はしっかりと管理する

伝票の種類

　発生した取引は、そのつど仕訳帳に記録する場合と、伝票によって記録し作業の分担と効率化を図る場合があります。仕訳帳も伝票も、総勘定元帳への転記のもとになります。伝票会計制度は、何種類の伝票を使用するかにより1伝票制、3伝票制、5伝票制があります。伝票の種類としては、以下のものがあります。

① 仕訳伝票…仕訳帳の代わりに記録する個々の取引
② 入金伝票…現金の入金に関する取引
③ 出金伝票…現金の出金に関する取引
④ 振替伝票…現金に関係のない取引
⑤ 売上伝票…売上に関する取引
⑥ 仕入伝票…仕入に関する取引

証憑書類の種類

　日常の取引の中で、相手方との間に領収書や納品書などの取引の証拠となる書類が発生します。それらは証憑書類といわれ、記録として経理上重要な書類になります。証憑書類には、注文書、領収書、請求書、商品受領書があります。

　ところで、慶弔金や公共交通機関での切符など、領収書の発行されないケースがあります。領収書を受け取ることができない場合には、明細を記入した証明書類が必要になります。特定のフォームを作成し、必ず本人に書いてもらうようにします。

・慶弔金等の場合

　招待状や会葬礼状など、出席や参

伝票制

1伝票制	仕訳伝票
3伝票制	入金伝票、出金伝票、振替伝票
5伝票制	入金伝票、出金伝票、振替伝票、売上伝票、仕入伝票

列した証拠となる書類に金額を書いて保存します。

・電車やバスなどの交通費

交通費清算書などに利用した交通機関、経路、金額の明細を書いて保存します。

・その他の場合

支払証明書などに支払事由を書いて保存します。

伝票・証憑書類の整理・保存

伝票や証憑書類の整理は、月別、日付順に通し番号をつけ、ノートなどに貼りつけて保存するのが一般的です。これ以外にも科目別に整理する方法があり、それぞれ日付順、内容別、相手先別に整理します。証憑書類の種類によって使い分けます。

保管帳簿・書類は、所得税法では下図のように定められています。証憑書類などの保存は、原則として7年間ですが、その種類などによっては5年のものもあります。経理の記録であるため、規定のルールにそった保管が大切です。

また、電子帳簿保存法により、事前の申請をすれば電子媒体での帳簿類の保存も可能になっています。

帳簿・証憑書類の保存期間

種類	例	保存期間
青色申告に必要なすべての帳簿	現金出納帳、売上帳、固定資産台帳など	7年間
決算に関する書類	たな卸表、損益計算書、貸借対照表など	
現金の収受や支払い、預金の預入れや引出しについての書類	レジペーパー、領収書、預金通帳、借用書など	
有価証券の取引に関する書類	有価証券受渡計算書、有価証券預り証など	
たな卸資産の引渡し、受入れについての書類	納品書や送り状など	5年間
たな卸資産の引渡し、受入れについての書類以外の書類	請求書、見積書など	

4 総勘定元帳と補助簿について知っておこう

主要簿から決算書が作成される

主要簿と補助簿の役割

帳簿には、簿記の基礎となる「主要簿」と、その主要簿の記録を補う「補助簿」があります。総勘定元帳は、仕訳帳とともに重要な主要簿で、現金の動きや残高、増減した取引の内容が示されます。これらの主要簿をもとにして決算書（貸借対照表・損益計算書）が作成されます。

また、補助簿には、補助記入帳と補助元帳があり、主要簿作成の明細を示す補助的な役割を持っています。

① 総勘定元帳の作成

総勘定元帳の作成は、仕訳帳に書いた仕訳を、勘定科目別に書き写します。この勘定科目ごとの帳簿を総勘定元帳といい、この作業を転記といいます。ここで勘定科目とは、取引内容を分類するためにつけられた名称です。事業を行うにあたっては、さまざまな取引がなされます。そのたびに、取引の記録がなされていく

補助簿の種類

補助記入帳	
現金出納帳	現金の入金・出金・残高の記録
当座預金出納帳	当座預金の預け入れ・引き出し・残高の記録
小口現金出納帳	小口現金の収支の明細を記録
仕入帳	仕入れた商品・製品・材料と金額の記帳
売上帳	販売した商品・製品・サービスと金額を記帳
補助元帳	
商品有高帳	商品の出入りと残高を記録
仕入先元帳	仕入先ごとに仕入れた商品・製品・材料・金額内容を記帳／買掛金の支払いを記帳
得意先元帳	得意先ごとに販売した商品・製品・サービス・金額内容を記帳／売掛金の回収を記帳

わけですが、その取引が何であるのかがわからなければ、お金の流れを理解することができません。そのため、勘定科目を用い、取引内容を明確にするのです。

② 補助簿の種類

補助簿には「補助記入帳」と「補助元帳」があります。「補助記入帳」は、特定の取引についての明細な記録を行う帳簿をいい、「補助元帳」は、特定の勘定についての明細を記録する帳簿です。補助簿には多くの種類があり、各会社で必要に応じた補助簿を決定します。

帳簿への記帳

現金出納帳は「現金」の入出金と残高を記録するものですので、金庫内にある現金の増減と残高をそのまま記帳しなければなりません。また、売上帳は、日々の現金売上高と掛売上高を記録する帳簿です。売上帳は日々の売上の記録を「現金売上」「掛売上」別に取引順に記帳します。

また、不明確な帳簿にならないように作成する必要があります。

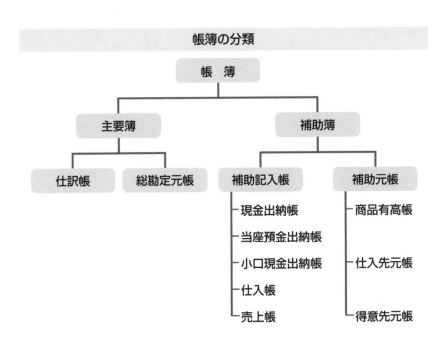

帳簿の分類

5 簿記と仕訳の基本について知っておこう

経理の基本は簿記の理解にある

簿記とは何か

　会社や商店では、毎日モノやお金の出入りがあります。仕入や販売によるモノの流れ、また売上や支払いによる金銭の収支など、数限りない種類の取引があります。それらを一定のルールに従って正確に記録・集計・整理して、最終的に決算書を作成するまでの一連の作業が**簿記の一巡の手続き**です。

　企業は、原則として1年に1度、決算書を作成します。これは、企業の1年間の営みによっていくら儲け（又は損し）、財産がどう変化したかを明らかにするためです。主な決算書には貸借対照表と損益計算書があります。貸借対照表は、企業の一定時点（主に決算日）における財政状態を表わすもので、損益計算書は、企業の一会計期間における経営成績を表わすものです。これらの決算書の完成が簿記の最終目的となります。

取引を帳簿に記入することが簿記

　近年はパソコン会計が主流ですから、手作業で記帳することはないでしょう。しかし、簿記の知識が全くないという状況では、経理担当は務まりません。経理担当の仕事はすべて簿記が基本となるからです。

　簿記では、取引を帳簿に記入する際、帳簿を左右に区別して記録します。取引の仕訳は、帳簿の左側を借方、右側を貸方とし、取引ごとに借方と貸方の両側に分けて記録します。

　また、それぞれの取引には、内容別に名前をつけて仕訳をします。この名前を**勘定科目**といいます。1つの取引は2つ以上の勘定科目で構成され、借方と貸方の金額は必ず一致します。

単式簿記とは

　簿記には、ルールの違いによって、単式簿記と複式簿記の2種類があります。

　まず、**単式簿記**は、家計簿が代表的なものとして挙げられます。日付、項目、摘要項目、入金、出金、残高の順で記入欄があります。項目とは、

お金が入ってきた原因（給与など）、お金が出ていった原因（食費、光熱費など）を、摘要項目とは、それらをさらに具体的に記入（「牛肉、○○スーパー」など）する欄です。家計簿では、お金が出入りした日付を記入し、適用項目を入れ、入って来たお金、出ていったお金の金額を書き込み、最後に残高を記入します。1か月間つければ、給料がいくら入って、どのようなことにお金を使い、月末にはいくらお金が残ったか、あるいは、不足したかがわかります。これがわかれば、次の月は食費や光熱費などをいくらにすればよいかといった、支出面での計画を立てやすくなります。単式簿記とは、このように一定期間におけるお金の単純な出入りだけを時間の経過通りに記載する方法をいいます。

単式簿記の欠点

わかりやすさという点ではメリットがある単式簿記ですが、単式簿記には、大きな欠点があります。お金の出し入れを行う主体（家計や企業など）の財産まで把握できないということです。

たとえば、ある家庭で家族旅行に10万円を支出したとします。一方、別の家庭では10万円で金を買ったとしましょう。家計簿（単式簿記）では、適用項目にそれぞれ「家族旅行費用」「金の購入費用」と書かれますが、10万円に関しては共に出金項目に「10万円」と記載されるだけです。

家族旅行は、使ってなくなってしまったお金ですから当然、支出です。これに対して、金の購入は、10万円の代わりにそれと同じ価値のものを手に入れたわけですから、実質的に

単式簿記の例

	項目	適用項目	入金	出金	残高
4/1	前月繰越				10,000
4/5	売上	X商店　○○	10,000		20,000
4/10	光熱費	電気代3月分		2,000	18,000
4/15	消耗品費	Y商店　文房具		1,500	16,500
4/20	売上	Z株式会社　××	5,000		21,500
4/30	仕入	株式会社A　△△		7,000	14,500

投資であり、10万円は家庭の財産として残っています。しかし、単式簿記では、お金が減ったこと以外の事実はわかりません。このような単式簿記の欠点は、普通の生活状況とは違ったトラブルが起こったときに、適切な対応ができないという形で現れます。企業経営であればなおさらです。たとえば倒産の危機に陥ったときに、単式簿記では、対策を立てるのが困難なのです。

つまり、企業の経理担当者にとって「お金の出し入れを把握する」ということは、単に、限られた期間における単純なお金の出入りだけを理解すればよいということではなく、企業の持つすべての財産を、借金などの負の財産も含めて把握するということなのです。

■単式簿記の欠点と複式簿記

単式簿記の欠点を克服するためにできたのが、**複式簿記**です。

複式簿記は、日付、借方、貸方、金額、摘要の順に項目が設定されています。単式簿記との違いは、借方、貸方という項目があることです。

最初に理解したいことは、複式簿記は、「財産の増減まで見えるように、モノやお金の出入り」を記載する方式だということです。

お金は、突然湧いたり消えたりはしません。お金が入ってくる際には、働いたり、借金したりという理由があります。働いて得たのであれば、財産ですし、借金をして得たのであれば、負の財産です。一方、お金が出ていく際には、必ず代わりに何かが手に入るはずです。手に入ったものが車であれば、お金は財産に変わったわけですし、家族旅行であれば、消費、つまり、負の財産に変わったわけです。したがって、「財産の増減まで見えるように、モノやお金の出入りを把握する」には、お金が入ってきた際にはその理由を、出ていった際には、そのお金が何に変わったのかを明確にすることが必要です。

複式簿記はこれを可能にした方法です。つまり複式簿記では、同じ入金でも、借金で得たのか、働いて得たのかが明確にできます。出金の場合も同じです。家族旅行に行ったのか、車を購入したのかを明確にできます。

■取引を分けて記載するのが仕訳

複式簿記で記帳するということは、モノやお金の「取引」を記載するこ

とだといえます。「取引」とは、何らかの対価として、誰かが持っているお金を得たり、誰かにお金を払うことによって財産が増えたり減ったりすることです。そして、複式簿記の記帳項目の借方、貸方こそが、この「取引」を分けて記載する項目になるのです。

借方・貸方というルールに慣れる

借方と**貸方**は、取引による財産の変動を「原因と結果」の関係で表わすものです。借方と貸方のルールとして、まず、借方には財産の増加、貸方には財産の減少が入るということを覚えておくとよいでしょう。

たとえば、家族旅行で10万円を使った時には、「金額」の項目に10万円と記載し、借方に「家族旅行（サービス受領）」と書きます。さらに、貸方には「家族旅行代金（現金）」と記載します。旅行ができる理由は、「私が旅行会社に現金10万円を支払った（旅行会社が現金10万円を受領した）」からです。10万円で車を買った場合も「金額」の項目に10万円、借方に「車」、貸方に「車の購入代金（現金）」と書きます。

お金が入ってきたときも同じです。売上で50万円を得た時は、借方に「売上受領（現金）」、貸方に「売上金受給（収入）」と記載します。借金で50万円得た場合は、借方に「現金受領（現金）」、貸方に「（○○銀行より）現金借入（借入）」と記載します。

このように、モノやお金の出入り

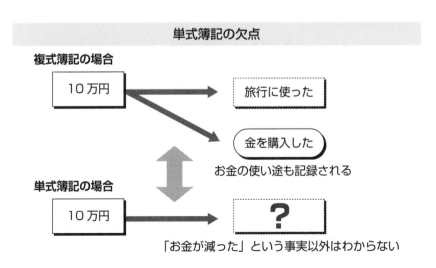

単式簿記の欠点

複式簿記の場合

10万円 → 旅行に使った
　　　 → 金を購入した

お金の使い途も記録される

単式簿記の場合

10万円 → ?

「お金が減った」という事実以外はわからない

を取引と見て、取引をする自分と相手方の両方をセットにしてお金の増減を同時に記載する作業が、複式簿記のルールです。複式簿記では、借方と貸方の取引をお金の面から見ますと、金額は必ず同じになります。

企業の簿記は複式簿記

仕訳のルールは、モノやお金の増減を自分と相手とのモノやお金の「取引」と見るということです。給与を例にとると会社が給与分の50万円を支払った結果、自分は50万円の給与がもらえたというように考えることによって、単式簿記の欠点の克服ができる、つまり、「50万円は借金ではない」ということを明確にできるのです。

そうしますと、企業の場合、簿記は、複式簿記を使用すべきということはもう、わかると思います。複式簿記によって、企業の財産まで含めたお金の動きを把握しなければ、企業の本当の姿はわからないからです。

複式簿記の例

・現金10万円を使って家族旅行に行ったケース

借　方	貸　方
家族旅行　100,000	現金　100,000

「私(会社)がどうした」という項目を借方に記入する

「取引相手がどうした」「なぜ、私(会社)はこんなことができたのか」という項目を貸方に記入する

借方と貸方の金額は同じになる

取引と財務諸表作成の流れ

取　引 → 仕　訳　帳 → 総勘定元帳 → (決算書)財務諸表

仕　訳　帳 → 補　助　簿

6 勘定科目について知っておこう

お金の出入りを誰でも一目でわかるようにできるためのテクニック

勘定科目とは

複式簿記の「財産の増減まで見えるようにモノやお金の出入り」を明確にするという目的を果たすためには「誰が見ても一目で取引がわかるようにする」ということが大切です。これを実現するのが、勘定科目ごとに取引をまとめるという作業です。勘定科目を理解すれば、取引を上手にまとめるテクニックが身につくのです。

勘定科目とは、出入りしたお金につけられた見出しのようなものです。会社のお金を管理する場合、いつ、誰が見ても、何に使ったお金なのか、又はどこから入ってきたお金なのかがわからなければなりません。お金の動き1つひとつに見出しを付けて整理することで、時間が経っても、別の人が見たとしても、内容が明らかになることが、勘定科目が果たす重要な役割だといえます。

勘定科目ごとにお金の出入りをまとめる

勘定科目ごとにまとめるためには、具体的な取引をカテゴリー別に分ける必要があります。そして、それぞれのカテゴリーに沿うような勘定科目も設定しなければなりません。

取引がカテゴリー別にあてはまるように勘定科目を設定するのは、それほど困難ではありません。たとえば家計簿の場合、入金の場合の勘定科目は「収入」と「借入」、出金の場合の勘定科目は「食費」「光熱費」「家賃」「ローン」「娯楽費」などと設定すればよいでしょう。こうすれば、家族旅行による出費も、家族で映画を見にいったときの入場料も「娯楽費」という1つのカテゴリーに入れることができ、支出も一目でわかりやすくできます。

基本的に自由に会社側が設定できる

家庭には、子供がいる家庭、いない家庭、大家族、核家族など、その形によって、取引の仕方も変わりますので、勘定科目も変わります。会社も同じです。業種、業態によって、取引方法や内容が違いますので、勘

定科目も変わります。ただ、会社の場合は、株主や債権者、取引先などの利害関係者が多いという、家庭とは大きな違いがあります。そのため会社の勘定科目は利害関係者の誰が見ても一目で取引がわかるように配慮する必要がありますが、厳格に決められているわけではありません。

シンプルすぎず複雑すぎず

これらの勘定科目は、5つのカテゴリーに属します。それは「資産」「負債」「純資産」「収益」「費用」の5つです。

・**資産**

会社が保有する財産のことを資産といいます。現金や預金の他、不動産や株式、絵画などが資産の例です。資産にはこれらの他に、将来お金を受け取る「権利」のような目に見えない財産も含まれます。

・**負債**

負債とは、わかりやすくいうと借金のことです。銀行からの借入などのようないわゆる借金の他に、たとえば請求書の支払いや、従業員への給与、税金の未払いなど、将来お金を払う義務のあるものすべてが負債になります。

・**純資産**

純資産とは、わかりやすく言うと、資産から負債を差し引いた単なる差額です。純資産は、大きく分けて主に2つの財源から成り立っています。会社を設立した時に株主から出資を受けた資本金と、事業活動の儲けなどで得た資金で、返済義務のないものです。

・**収益**

収益とは、会社が事業から得た収入のことで、利益の源ともいえます。収益の中心的な存在は売上です。

収益には、売上以外の経済活動から得た収入も含まれます。たとえばお金を貸した場合の利息や、設備などを売却した場合の売却収入、保険金収入などです。このように、会社の増益に貢献するものは、すべて収益に含まれます。

・**費用**

収入を得るために使ったお金のことを費用といいます。

たとえば商品の製造費用や仕入金額など本業のために使った金額や、電車代や電話代などのいわゆる経費です。また、事業に直接的に関係のないものでも、経営していく上で必要な支出であれば費用に含まれます。たとえば借入金の利息や税金、取引先との飲食代なども費用になります。

さらに細かく分けていく

会社の取引は、この５つのカテゴリーの中のどれかに必ず入ります。

ただ、この５つのカテゴリーだけに取引を分類してしまうと、今度は、あまりにシンプルになりすぎて、かえって実体が見えなくなってしまうからです。たとえば、資産といってもその中身は現金、手形、土地、在庫などいろいろあります。これらを十把一からげで「資産」として記載しても、会社の実際の姿はわかりません。

そこで、実際の簿記では、これらの大きなカテゴリーの中にさらにいくつかの勘定科目を設定して記帳します。そうすることによって、ようやく、会社の実態を含めて一目でわかるようになるのです。

仕訳の積み上げが決算書

仕訳は簿記のスタートであり、簿記は決算が最終目的です。

決算書類の貸借対照表や損益計算書は、「資産」「負債」「純資産」「収益」「費用」の５つの要素によって構成されています。

貸借対照表は、「資産」「負債」「純資産」で構成され、損益計算書は、「収益」「費用」で構成されます。

すべての取引は、２つ以上の勘定科目を使って借方と貸方に仕訳しなければなりません。その積み重ねた結果が貸借対照表と損益計算書を作り上げ、最終的な決算書に結びつくのです。

５つのカテゴリーに含まれる代表的な勘定科目

資 産	現金、当座預金、普通預金、受取手形、売掛金、建物、土地
負 債	支払手形、買掛金、預り金、借入金、未払金
純資産	資本金、資本剰余金、利益剰余金
費 用	仕入、給料、支払利息、地代家賃、旅費交通費、交際費
収 益	売上、受取利息、受取手数料

7 貸借対照表の勘定科目について知っておこう

取引ごとに名称をつけてお金の使い途を明確にする

貸借対照表の全体像

貸借対照表は、左右に2列に分かれて表されます。この貸借対照表の右側と左側の各々の合計金額は、必ず一致します。

左側にある資産とは資金の使い途を表わし、借方と呼ばれます。右側は調達した資金で、貸方と呼ばれます。右上が負債、右下が純資産となります。

資産・負債・純資産の勘定科目

次に、資産・負債・純資産の3つの大きなカテゴリーの中に設定する勘定科目について見ていきましょう。勘定科目は、会社自身の事業形態に応じたものを自由につけることができます。しかしあまり細かく分けてしまうとわかりにくいので、一目でわかるようなシンプルな名称の方がよいでしょう。

資産・負債・純資産の主な小勘定科目には以下のものがあります。

・資産の「勘定科目」

主な勘定科目としては、現金や当座預金、普通預金などお金そのものを表わすものや、受取手形(一定の期間経過後に支払人を通じて代金を受け取れる約束をした書状)、売掛金などのいわゆる売上債権、未収入金(本業のビジネス以外で発生した債権)、貸付金(貸しているお金)、商品(在庫)などがあります。また、事業のために購入した土地、建物、車両運搬具、備品なども資産となります。なお、出資金や有価証券などの、いわゆる投資も資産となります。

・負債の「勘定科目」

主な負債の勘定科目としては、支払手形(一定の期間経過後に支払人を通じて代金を支払う約束をした書状)や買掛金(ビジネス取引によって発生した債務)のような仕入債務や借入金の他、未払金(本業のビジネス以外で発生した債務)、預り金(預っているが、後で支払うお金)などがあります。

・純資産の「勘定科目」

株主からの出資金額を表わす勘定科目として、資本金、資本剰余金な

どがあります。利益の蓄積は利益剰余金という勘定科目で表わします。また、少し難しい話になりますが、会社の株式を自ら買い戻す場合があります。その場合、自己株式という勘定科目を用いて純資産の一部にマイナス表示することになっています。

資産・負債・純資産の勘定科目とその内容

資産の一般的な勘定科目	
現金	通貨、通貨代用証券
預金	預金、貯金（郵便局）
受取手形	通常の営業取引により受け入れた手形
売掛金	商品、製品、半製品などの未収の販売代金・請負工事の未収代金など
商品	販売目的で外部から仕入れた物品など
短期貸付金	得意先、仕入先、関係会社、従業員などに対する貸付金
未収入金	固定資産、有価証券などの売却代金の未収額
建物	事業用の店舗、倉庫、事務所等の建物
車両運搬具	営業用の鉄道車両、自動車その他の陸上運搬具
特許権	産業財産権（工業所有権）の1つで産業上利用することができる新規の発明を独占的、排他的に利用できる権利
ソフトウエア	コンピュータシステムのソフトウエアの取得に要した金額
長期貸付金	得意先、従業員などに対する貸付金のうち、1年を超えて返済されるもの
負債の一般的な勘定科目	
支払手形	営業上の買掛債務の支払いのために振出した約束手形や引き受けた為替手形
買掛金	原材料や商品の購入により生じた仕入先に対する債務
前受金	商品・製品の販売代金についての前受けした金額のこと
短期借入金	銀行から借り入れた設備資金、運転資金、個人からの借入金、取引先、親会社からの借入金などで、決算日から1年以内に返済予定のもの
未払金	買掛金以外の債務で、固定資産の購入代金や有価証券の購入代金などの未払額
長期借入金	返済期限が決算日から1年超の借入金
純資産の一般的な勘定科目	
資本金	会社設立時の出資金や増資払込などのこと
資本準備金	資本取引から生じた株式払込剰余金などのこと
利益準備金	企業利益中、内部留保すべきものとして規定されている金額
自己株式	自社の株式

8 損益計算書の勘定科目について知っておこう

一般的には多くの会社が、共通した勘定科目を採用している

損益計算書の勘定科目

損益計算書の主な小勘定科目には以下のものがあります。

・収益の勘定項目

売上(本業のビジネスによる収入)、受取利息(銀行預金から発生する収入)、受取配当金(保有する株式から発生する収入)、雑収入(本業のビジネス以外で発生した収入)などがあげられます。つまり事業活動による収入の項目になります。

・費用の勘定科目

費用に該当する主な勘定科目としては、仕入、給料、通信費、交通費、水道光熱費、旅費交通費、租税公課、支払利息などがあげられます。費用の勘定科目は特に種類が多く、会社の業態によってその内容は大きく異なります。

たとえば製造業の場合、原材料や燃料費などがありますし、サービス業の場合には仕入がありません。取引の発生に応じて、たとえば宣伝広告費、研究開発費、消耗品費、交際費というように任意で勘定科目を設定することになります。

旅費交通費は、社員が仕事で使った移動のためのすべての費用を指します。交通機関の違いは関係ありません。

広告宣伝費は、会社の広報のために使った費用です。媒体の違いは関係ありません。

会議費は、会社の中で行う会議の費用の他、取引先との商談で使用した費用も入ります。会場の確保の費用、飲食費用、会議に使用したプロジェクターの使用料、会議の資料の作成費用など、会議に必要な費用はすべて会議費に入ります。

租税公課は、税金のことです。会社にかかる税金は、すべて租税公課ですが、法人税などの経費(損金)として認められない租税公課もあります。

地代・家賃は、土地や事務所などを借りる費用です。駐車場なども土地を借りるわけですから、地代の勘定項目に入ります。交際費は、取引先への接待や、贈り物といった費用

です。

　一般的には多くの会社が、共通した勘定科目を採用しているといえます。

　なお、会社が購入した機械や車は資産ですが、実はこれらの資産は耐用年数に応じて一定期間で費用化していくルールになっています。そのときの費用は減価償却費という勘定科目で表示します。

損益計算書の主な勘定科目

収益の一般的な勘定科目	
売上	物品の販売やサービスの提供によって生じた利益
受取利息	金融機関の預貯金利息、国債、社債などの有価証券利息など
受取配当金	株式、出資、投資信託等に対する配当金の収入
雑収入	本業のビジネス以外で発生した収入
費用の一般的な勘定科目	
仕入	販売用の物品等の購入代金
役員報酬	取締役、監査役に対する報酬
従業員給与	従業員に対する給料、賃金、各種手当
法定福利費	従業員の労働保険や社会保険のうち、事業主が負担するもの
福利厚生費	従業員のための祝い金、健康診断費用、社内行事費用など
旅費交通費	通勤や業務遂行に必要な出張旅費など
接待交際費	取引先など事業に関係のある者に対する接待、慰安、贈答などのために支出される費用
会議費	会議用の茶菓、弁当、会場使用料
通信費	切手、はがき、電話、ファックス費用など
消耗品費	事務用品などの物品の消耗によって発生する費用
水道光熱費	水道料、ガス料、電気代など
保険料	設備、棚卸資産にかけた火災保険料、機械の運送保険料など
地代家賃	建物、事務所、土地の賃借に要する費用
租税公課	印紙税、登録免許税、不動産取得税、自動車税、固定資産税など
減価償却費	建物や車両運搬具など固定資産の取得価額を費用化したもの
雑費	上記以外の費用で、重要性がなく、特に独立科目を設ける必要がない費用を処理する科目
支払利息	金融機関からの借入金利息、他の会社からの借入金利息など

9 勘定科目をふまえた仕訳をする

右側と左側の金額が対応することになる

仕訳の考え方の重要性

　会社におけるお金の流れは、すべて複式簿記による仕訳につながっています。たとえば請求書の発行や商品代金の管理を担当している部署であれば、預金への振込などの都度、その入金がどの商品の代金であるか確認する作業があるはずです。該当する商品番号等を探し、「入金済」の処理をするといった作業であれば、これは、入ったお金を売掛金に充当し、「（借方）預金／（貸方）売掛金」という仕訳を起こしているということになります。

資産・負債・純資産に関わる仕訳

　前項までで貸借対照表と損益計算書の主な勘定科目を見てきましたが、勘定科目をふまえて、仕訳をしてみましょう。

　手持ちの現金100万円で商品を製造するための工作機械を購入したとします。その場合、仕訳は以下のようになります。

　（借方）機械装置 1,000,000円／

　（貸方）現金　　 1,000,000円

　借方には、取引の際に自分が主体になった場合の出来事を記載します。「自分は工作機械を手に入れた」わけですから、借方には工作機械を含むカテゴリーである「機械装置」を入れます。どのように機械装置を手に入れたかを記載しますので、この場合だと現金で代金を支払ったのですから、資産（借方科目）である現金の減少となります。そのため、貸方に「現金」と記載します。

　一方、同じ100万円の工作機械を借入金で購入した場合は以下のようになります。

　（借方）機械装置 1,000,000円／

　（貸方）借入金　 1,000,000円

　借方は手持ちの現金で購入した場合と同じです。一方、貸方の勘定科目に関しては、負債である借入金（貸方科目）の増加なので貸方に借入金と記載します。

　ここで、重要なことがわかると思います。手持ちの現金で工作機械を購入した場合は、借方の「機械装置」

も、貸方の「現金」も同じ「資産」のカテゴリーになります。したがって、購入時点では勘定科目としての資産の金額に変化はありません。

しかし、借入金で工作機械を購入した場合は、借方の「機械装置」は資産ですが、貸方の「借入金」は負債になるのです。したがって、この場合、工作機械を購入した時点で、会社の資産は100万円増えた一方、負債も100万円増えたことになります。つまり借方に新たな資産が追加されるということは、別の資産と置き換えられるパターンと、負債又は純資産が増えるパターンがあるということです。

次に、「純資産の部」に係る仕訳について見ていきます。貸方に純資産の勘定科目がある仕訳の場合は純資産の増加、反対に借方にある仕訳の場合は減少を意味します。たとえば資本金の増額分として普通預金に100万円の入金があった場合、以下のような仕訳となります。

（借方）普通預金 1,000,000円／
　　（貸方）資本金　1,000,000円

貸方に「資本金」という純資産の部の勘定科目があるので、この仕訳によって純資産の部が100万円増加します。一方、借方の「普通預金」は資産の項目なので、同時に「資産の部」も100万円増加します。つまり純資産の部に追加の項目があるということは、一般的には資産も増加していることを意味します。

収益・費用に関わる仕訳

収益と費用は損益計算書を構成する勘定科目ですので、会社の損益に影響します。たとえば得意先へ商品を販売した場合の仕訳、仕入先から商品を仕入れた場合の仕訳、経費の支払いを行った場合の仕訳などがこれに該当します。具体例で見ていきましょう。収益項目が貸方に発生すると、収益の増加を意味します。

たとえば得意先へ、商品を販売して現金1万円を受け取った場合は、以下の仕訳となります。

（借方）現金　10,000円／
　　（貸方）売上　10,000円

また、費用項目は借方に発生します。たとえば従業員の給与20万円を現金で支払った場合、以下のような仕訳になります。

（借方）従業員給与 200,000円／
　　（貸方）現金　　　200,000円

10 給与計算事務も必要になる

給与計算は毎月必要になる

毎月の人件費コストを見積もる

事業経営にあたっては、毎月発生する人件費コストを見積もる必要があります。創業期に人件費を抑える最大の方策は、経営者が頑張って仕事をすることです。しかし、事業規模が大きくなり、忙しいのに節約してアルバイトを雇わなければ必ず店は回らなくなります。そのバランスをどこに見いだすかがポイントです。人件費については通常1か月単位で計算します。給与（社会保険では報酬と呼びます）には固定的給与（基本給や通勤手当、住宅手当、家族手当等の各種手当）と変動的給与（時間外、歩合給等の月により額が変動する給与）があり、それぞれ集計します。

事業主は事務を代行している

事業主は従業員に支給する給与の中から、健康保険・介護保険料・厚生年金保険・雇用保険などの保険料や所得税・住民税などの税金を控除します。これらの控除した保険料や税金は、当然のことながら事業主が預かったままというわけではありません。まず、健康保険・介護保険・厚生年金保険・雇用保険などの保険料については、労働者と使用者が共同で負担することになっています。そのため、従業員から預かった保険料に事業主が負担する保険料を上乗せして、国などに納めることになります。

これに対して、所得税・住民税などの税金については、従業員が全額負担すべきものですから、事業主負担はありません。ただ、従業員から預かった税金は、事業主が期日までに国や市区町村に納める義務があります。事業主は国や市区町村の徴収事務を代行しているといえます。

給与計算とはどんなことなのか

総支給額から様々な控除項目を差し引いて、各従業員の支給額（手取額）を計算することを**給与計算**といいます。

従業員に支払う給与には、締め日

があります。締め日（〆日）は、通常1か月に1回です（会社によっては、週1回や毎日の場合もあります）。事業主は締め日までの給与を計算して、毎月決められた日（給料日）に従業員に対して給与を支給することになります。

たとえば、毎月20日の締め日までの給与を計算して、その月の25日に支給するといった具合です。個人事業や創業間もない小規模の事業所では社長や経理の従業員が行うケースも多いかと思います。

しかし、給与計算は、やってみると意外と大変です。所得税、住民税、社会保険料などの控除項目は、給与の額や内容によって変動するからです。また、たとえば手当の中にも課税対象のものがあったり、非課税のものがあったり、社会保険料がいつから変わるのかなど、他にも注意すべき点は多数あります。もし、給与計算のことがわからない場合は、給与計算の実務に明るい事務員を雇ったり、税理士に事務処理を委任（依頼）するとよいでしょう。

毎月どんなものを天引きするのか
給与の総支給額から控除するものとしては、以下のものがあります。

① 雇用保険料

毎月の給与の支払いのつど、給与の総支給額に保険料率を乗じて保険料額を算出し、従業員が負担する部分を給与から控除します。なお、この場合の総支給額には通勤手当などの非課税項目も含めます。

② 健康保険料・厚生年金保険料

標準報酬月額（原則として毎年4月から6月までの3か月間の月給の平均額）を保険料額表に当てはめて算出し、従業員が負担する部分を給与から控除します。健康保険料及び厚生年金保険料は、前月分を控除します。

③ 源泉所得税

給与所得の源泉徴収額表に当てはめ、給与の総支給額から、通勤手当・健康保険料・厚生年金保険料・雇用保険料を除いた金額について、源泉徴収税額表に基づき、その月の源泉所得税額を算出します。

④ 住民税

住民税の納付の方法は、会社を経由する特別徴収と、本人が直接納付する普通徴収という2種類があります。一般に、会社では、特別徴収で納付することになります。特別徴収の場合、前年中の給与について会社から各市区町村に「給与支払報告書」を提出します。そしてこれをもとに

第5章 毎月の経理事務の基本

市区町村が税額を算出し、会社に各人の税額を記載した「特別徴収税額通知書」が送付されます。その通知書の金額に従って毎月の給与から控除します。

毎月のスケジュール

毎月の給与計算事務とは、「給与明細書の作成」「給与の支給」「社会保険料や源泉所得税などの納付」という一連の業務をいいます。事務処理上の注意点は以下の通りです。

① 従業員の人事情報の確認

あらかじめ、従業員の採用、退職、結婚、出産、転居、死亡などの人事情報を確認し、データに漏れのないようにしておきましょう。

② 1か月の勤務時間数の算出

給与の締切日に出勤簿またはタイムカードを回収し、各従業員の1か月の勤務時間数を算出します。

③ 給与の総支給額の計算

各従業員の基本給などの固定的な給与、残業手当など変動する給与を計算して総支給額を決定します。

④ 控除額の計算

各従業員の社会保険料、源泉所得税、住民税などを計算します。

⑤ 差引き支給額の決定

③の給与総額から④の控除額を差

給与明細書のサンプル

し引いて、各従業員の差引き支給額を決定します。

⑥ 給与明細書の作成

以上の作業から、給与明細の主要項目である支給項目、控除項目、勤怠項目の3つが決定するため、給与明細書を作成します。

⑦ 差引支給額の支給

所定の給与支給日に、各従業員の差引支給額を支給します。口座振込で支給する場合であっても、給与明細書は各自に手渡しましょう。

⑧ 賃金台帳への記載

各従業員の給与の支給総額と控除額は賃金台帳に月ごとに記録しておく必要があります。

⑨ 社会保険料の納付

前月分の健康保険料(介護保険料を含む)、厚生年金保険料を月の末日までに納付します。納付額は従業員の給与から控除した保険料と会社負担額の合計です。

⑩ 税金の納付

源泉徴収した当月分の所得税を原則として翌月10日までに納付します。

納付方法は、税務署から送られてくる源泉所得税の納付書に必要事項を記入し、金融機関で納めます。住民税についても同様です。各市町村から送付される納付書によって、当月分を原則として翌月10日までに金融機関で納付します。

年間のスケジュール

給与計算事務の中には、賞与のように年2～3回の事務(計算)処理

給与計算事務の年間スケジュール

月	毎月の事務	重要事務
4月	給与計算	新入社員に関する手続き
5月	給与計算	
6月	給与計算	住民税の額の改定
7月	給与計算	ボーナスの計算、算定基礎届の提出、労働保険料申告と納付(第1期)
8月	給与計算	
9月	給与計算	
10月	給与計算	定時決定に基づく社会保険料の改定、労働保険料を延納する場合の納期(第2期)
11月	給与計算	
12月	給与計算	ボーナスの計算、年末調整
1月	給与計算	労働保険料を延納する場合の納期(第3期)、給与支払報告書事務、法定調書作成
2月	給与計算	
3月	給与計算	ボーナスの計算(※)

※)決算期などにボーナスが支給される事業所もある

を行うものや年末調整のように年1回だけ事務処理を行うものもあります。そこで、図（237ページ）のように暦に従って給与計算に関係する年間の事務を覚えておくことは毎月の事務処理と同様に大切なことです。

賃金台帳のサンプル

		雇 入 年 月 日		所　　　属		職　　　名	
		平成○年○月○日　雇入		総務部		経理課長	

		賃金計算期間	1月分	2月分	3月分	4月分	5月分	6月分	7月
その月の勤怠状況		労 働 日 数	20日	21日	19日	22日	20日	日	
		労 働 時 間 数	160	168	152	176	160		
		休日労働時間数			8				
		早出残業時間数	22	25	31	18	24		
		深夜労働時間数			3				
その月の支給額の内訳と合計		基 本 給	200,000円	200,000円	200,000円	205,000円	205,000円		
		所定時間外割増賃金	36,960	42,000	72,640	30,240	40,320		
	手当	職 務 手 当	10,000	10,000	10,000	10,000	10,000		
		役 職 手 当	5,000	5,000	5,000	5,000	5,000		
		住 宅 手 当	20,000	20,000	20,000	20,000	20,000		
		家 族 手 当	15,000	15,000	15,000	15,000	15,000		
		精 皆 勤 手 当	10,000	10,000	10,000	10,000	10,000		
		通 勤 手 当	12,000	12,000	12,000	12,000	12,000		
		手当							
		小　　　　　計	308,960	314,000	344,640	307,240	317,320		
		その他の給与							
		合　　　　　計	308,960	314,000	344,640	307,240	317,320		
その月の控除額の内訳と合計	控除額	健康保険料	12,300	12,300	12,300	12,300	12,300		
		厚生年金保険料	22,494	22,494	22,494	22,494	22,494		
		雇用保険料	1,854	1,884	2,068	1,843	1,904		
		介護保険料							
		所 得 税	6,820	6,920	7,970	6,710	7,030		
		住 民 税	10,000	10,000	10,000	10,000	10,000		
		控 除 額 計	53,468	53,598	54,832	53,347	53,728		
		差 引 合 計 額	255,492	206,402	289,808	253,893	263,592		
		実 物 給 与							
手取額		差 引 支 給 額	255,406	260,305	289,650	254,424	264,024		
		領 収 者 印	佐藤	佐藤	佐藤	佐藤	佐藤	印	印

現金支給している場合は本人に領収印をもらう

11 割増賃金を計算してみる

四捨五入が原則である

切り上げるか四捨五入をする

労働者ごとの1時間あたりの賃金額や割増賃金を計算しようとすると、多くの場合、1円未満の端数が生じます。給与計算の端数処理は四捨五入が原則ですが、すべて四捨五入しておけばよいのかというと、そういうものでもありません。労働者によって端数処理の方法がまちまちにならないように、事業所内では統一した基準で端数処理を行うようにします。実務上、どのような端数処理方法があるのかを確認しておくことにしましょう。

たとえば、月平均所定労働時間数が168時間(1か月あたりの平均労働日数21日、1日8時間勤務)で月給30万円の労働者の場合、割増賃金の算定の基礎となる1時間あたりの賃金額は、30万円÷168時間＝1,785.714・・・となります。この場合、小数点以下の端数については、四捨五入する方法(50銭未満のときは切り捨て、50銭以上のときは切り上げる方法)と切り上げる方法が認めら

れています。

逆に端数を切り捨てる方法は認められていません。切り捨てることは、給与計算上、労働者に不利になるためです。この例の場合、四捨五入の方法をとれば、1時間あたりの賃金額は1,786円となります。また、切り上げの方法をとっても1時間あたりの賃金額は、1,786円となります。

なお、割増賃金を求める計算の途中では端数処理せず、算出した割増賃金の額の端数を四捨五入又は切り上げの方法により処理することもできます。

なお、労働時間の端数処理については、休日や時間外に労働した場合の労働時間数は、1か月単位で端数処理をしなければならず、1日ごとに端数処理を行うことはできません。

割増賃金額を算定する

ここでは、240ページ図の設例を基に、Aさんが今月もらえる割増賃金の具体的な金額を算定してみましょう。

まず、割増賃金の計算の基礎とな

る賃金を計算します。割増賃金の計算の基礎になる月給には、基本給だけでなく諸手当も含まれます。

ただし、通勤手当は除外されること、及び設例の条件からは、役職手当のみを加算することになります。

基本給250,000円＋役職手当20,000円＝270,000円

次に、Aさんの1か月の平均所定労働時間を計算します。

237日×8時間÷12か月＝158時間

1か月の平均所定労働時間は158時間ということになります。

■割増賃金とは

使用者は、労働基準法37条により、労働者の法定時間外・深夜・休日労働に対して、通常の労働時間または労働日の賃金計算額の25％～50％以下の割増率の範囲内で定められた率以上の割増率を上乗せした割増賃金の支払義務を負っています。

ⓐ1日8時間、週40時間の法定労働時間を超えて労働者を働かせた時間外労働の割増率は、25％以上となっています（月60時間を超える場合には50％以上）。ⓑ午後10時から午前5時までの労働（深夜労働といいます）についても、同様に25％以上となっています。また、ⓒ1週1日以上または4週4日以上と定められている法定休日に労働者を働かせた場合は、休日労働として35％以上の割増率となります。

■時間外労働・深夜労働・休日労働の算定

「270,000円」「158時間」を基に、①時間外労働、②深夜労働、③休日

設例（Aさんの勤務形態）

① Aさんは X 社に勤めている。
② X 社の1日の所定労働時間は8時間。
③ X 社の社内カレンダーによれば、今年の年間労働日数は 237 日。
④ Aさんの今月の時間外労働等は、時間外労働が 71 時間（うち深夜労働が3時間）、休日労働が9時間。
⑤ Aさんの給与を構成する手当は以下の通り。
　基本給　　250,000 円　　役職手当　　20,000 円
　家族手当　 20,000 円　　住宅手当　　20,000 円
　通勤手当　 10,000 円

※）X 社は割増賃金の計算において1円未満の端数をそのまま使っている
※）支給されている家族手当、住宅手当は割増賃金の基礎とならないものとする

労働の金額をそれぞれ計算します。

① 時間外労働

設例によるとAさんの1か月の時間外労働は71時間であり、月60時間を超えていますので、60時間までは割増率25％、60時間を超えた分については割増率50％で計算します。

270,000円÷158時間×1.25×60時間＋270,000円÷158時間×1.5×11時間＝156,360.75…

端数を四捨五入して時間外労働の割増賃金は156,361円になります。

② 深夜労働

Aさんの時間外労働22時間のうち、3時間については、時間外労働と深夜労働が重なる部分ですから、上記①の時間外労働手当に加えてさらに深夜労働分に該当する25％増の割増賃金の支払いが必要です。

270,000円÷158時間×0.25×3時間＝1,281.645…

端数を四捨五入して、1,282円になります。

③ 休日労働

270,000円÷158時間×1.35×9時間＝20,762.658…

端数を四捨五入して、20,763円になります。したがって、割増賃金の合計は、46,994円＋1,282円＋20,763円＝69,039円になります。

なお、労使協定を締結すれば、時間外労働時間が60時間を超えた場合も、割増率を25％のままとし、法定割増率50％との差、25％を累積して代替休暇（1か月の時間外労働が60時間を超えた場合の25％を上回る分の割増賃金の支払いに代えて、付与する休暇のこと）を取得させることもできます。

賃金の割増率

時間帯	割増率
時間外労働	25％以上
時間外労働（月60時間を超えた場合）	50％以上※
深夜労働	25％以上
休日労働	35％以上
時間外労働が深夜に及んだとき	50％以上
休日労働が深夜に及んだとき	60％以上

※労働時間が1か月60時間を超えた場合に支払われる残業代の割増率については、当分の間、中小企業には適用が猶予される。

12 賞与額を計算してみる
手順に従って控除額を計算する

賞与とは

賞与とは、毎月の賃金とは別に、会社からの利益還元や業務成績に対する報償などの意味で支給される一時金のことをいいます。賞与は支給することが義務付けられるものではありません。

就業規則、労働協約、労働契約などで賞与の支給時期や計算方法が定められている場合は、会社として労働者に賞与を支払うことが労働契約の内容になっていますから、労働者は会社に賞与を請求できます。どのような条件で賞与を支払うかは使用者が自由に決定することができ、賞与の支給額は、その会社の業績によって変動する場合が多いようです。

支給条件を定める

賞与は、過去の労働に対する報酬という意味合いがあるといわれています。したがって、査定対象期間の締切日が過ぎてから査定したり金額を決めたりする必要があり、通常、賞与の支給日は締切日より少し後になります。賞与を支給するにあたっては、あらかじめ就業規則や社内規程に「冬季賞与は○月○日から○月○日までを、夏季賞与は○月○日から○月○日までをそれぞれその算定対象期間とする」などというように対象となる勤務期間を定めておきます。

この勤務期間が賞与を支給するための成績査定の査定対象期間となります。期間中の各人の勤務ぶりや出勤率を査定して、賞与の金額を決めることになります。

賞与の額を計算する

具体的な計算例をあげて、賞与の計算方法を見ていきましょう。

〈設例：サービス業の会社の現場で働くQさん（42歳）の場合〉
賞与の支給額：500,000円
前月の社会保険料控除後の給与の額：324,895円
Qさんの扶養親族等の数：2人
（扶養控除等申告書提出済み）

以上のものがQさん（42歳）に支給される賞与の計算上必要なデータです。この場合の賞与から控除される社会保険・源泉所得税の金額と実際にQさんが受け取ることになる金額を計算してみましょう。

手順1　健康保険と厚生年金保険の額を算出する

最初に賞与額から控除する健康保険と厚生年金保険の額を計算します。Qさんは42歳ですから、40歳以上の被保険者が負担する介護保険の保険料も徴収することになります。健康保険料率は加入する健保組合によってそれぞれ異なっていますが、ここではQさんが全国健康保険協会（協会けんぽ）東京支部に加入していると仮定して説明しましょう。協会けんぽ東京支部では介護保険第2号被保険者に該当する人の健康保険料の被保険者負担割合は1000分の57.75（平成27年4月分から）ですから、Qさんは28,875円の保険料を負担することになります。

500,000円×57.75／1,000＝28,875円

同様に厚生年金保険料の額を求めます。厚生年金保険料率は平成26年9月分からは1000分の174.74ですが、健康保険と同様に労使で半分ずつ負担するので、Qさんの負担率は1000分の87.37となります。したがって賞与の額に1000分の87.37を掛けて算出した金額が被保険者負担分となります。

500,000円×87.37／1000＝43,685円

手順2　雇用保険の保険料を算出する

次に賞与から控除する雇用保険の保険料を求めます。雇用保険料率は業種によって違いがありますが、平成27年度のサービス業（一般の事業に含む）についての雇用保険料率（被保険者負担分）は1000分の5ですから、500,000円に1000分の5を掛けて雇用保険料の被保険者負担分を算出します。

500,000円×5／1000＝2,500円

手順3　源泉所得税の額を算出する

賞与から控除する社会保険料の金額を算出した後に、源泉所得税の金額を求めます。源泉所得税は、総支給額から社会保険料を控除した後の金額を基準として、税額を計算します。

500,000円－28,875円－43,685円－2,500円＝424,940円

Qさんの扶養親族は2人ですから、賞与にかかる源泉徴収税額を算定する資料である「賞与に対する源泉徴収税額の算出率の表（平成27年分）」の扶養親族等の数2人の列を確認し、前月の社会保険料控除後の給与の金

額である324,895円があてはまるところを探します。「312千円以上369千円未満」がこれに該当しますので、社会保険料などの控除後の賞与の金額に乗ずる金額は6.126％ということになります。

424,940円×6.126％＝26,031円（端数切り捨て）

手順4 実際の支給額を計算する

控除項目は、健康保険料28,875円、厚生年金保険料43,685円、雇用保険料2,500円、源泉所得税26,031円、控除額合計は101,091円になります。

Qさんに実際に支給される賞与額（手取額）は、500,000円－101,091円＝398,909円ということになります。なお、住民税は賞与からは控除しません。

月額表を使って源泉徴収税額を求める場合

通常、賞与から控除する源泉徴収税額を計算するときは、賞与に対する源泉徴収税額の算出率の表を使用します。しかし、次の2つのケースに限っては、給与所得の源泉徴収税額表（月額表）を使って徴収税額を計算します。

・前月の給与の額の10倍を超える賞与が支給されるとき
・前月の給与の支払いがない者に賞与を支払うとき

事例のQさんの場合、冒頭の設例に示したように、Qさんは前月にも給与の支払いがあり、賞与の額もその10倍を超えていないので、これにはあてはまりません。

Qさんの賞与明細書

賞与明細書		平成○ 年夏季賞与		所 属	○○	社員No	14	氏 名	Q	殿
支給	基本給									
	500,000									
									総支給額	
									500,000	
控除	健康保険料	厚生年金料	雇用保険料		社保料合計	課税対象額	所得税			
	28,875	43,685	2,500		75,060	424,940	26,031			
									控除額合計	
									101,091	
					差引支給額	端数調整額	銀行振込		現金支給額	
					398,909		398,909			

13 年度更新の計算をしてみる

労働保険料の精算手続きをする

労働保険料の計算

まず、労災保険と雇用保険の保険料について、計算式を確認しておきましょう。平成26年度の概算保険料と確定保険料は平成26年度の料率、平成27年度の概算保険料については、平成27年度の料率を使用しています。労災保険の保険料は次の算式で算出します。

全労働者の賃金総額の見込額×労災保険率

また、雇用保険の保険料は、以下の算式で算出します。

（全労働者の賃金総額の見込額－64歳の4月1日を経過した人の賃金総額の見込額）×雇用保険率

247ページに記載した、「株式会社ささき商事」についての労働保険料の設例を基に計算してみましょう。

平成26年度の概算保険料の計算手順1

まず、 手順1 として、平成26年度に納付した保険料を確認しておきます。不動産業の労災保険率は、平成26年度は1000分の2.5でした。

雇用保険料率については、不動産業の事業区分は「一般の事業」ですから、一般の事業の料率を使用します。平成26年度の保険料を計算するにあたっては、平成27年度の料率ではなく、平成26年度の料率を使用します。平成26年度の一般の事業の雇用保険料率は、1000分の13.5です。

① 労災保険の保険料
29,820千円×（2.5／1000）＝74,550円

② 雇用保険の保険料
29,820千円×（13.5／1000）＝402,570円

③ 平成26年分の概算保険料額
74,550円＋402,570円＝477,120円

したがって、株式会社ささき商事は平成26年度分の概算保険料として、平成26年中に477,120円を納めたはずです。

平成26年度の確定保険料の計算手順2

次に 手順2 として、平成26年度の確定した保険料額を計算します。

確定保険料納付時には、概算保険

料納付時と異なり、石綿健康被害救済法に基づく一般拠出金の納付が必要です。一般拠出金とは、平成19年度から始まった石綿健康被害救済のために負担する費用のことで、労災保険が適用される全事業主が対象となります。確定保険料納付時に納付するもので、概算保険料納付時には納付しません。なお、一般拠出金率は平成26年度からは1000分の0.02になっています。

① 労災保険の保険料
33,820千円×（2.5／1000）＝84,550円

② 雇用保険の保険料
雇用保険の保険料からは、対象外の臨時労働者分を除いて算定します。
(33,820千円－800千円)×(13.5／1,000)＝445,770円

③ 平成26年分の確定保険料額
84,550円＋445,770円＝530,320円

④ 一般拠出金
33,820千円×（0.02／1,000）＝676円

平成27年度の概算保険料の計算手順3

続いて**手順3**として、翌年、つまり平成27年度の概算保険料を計算します。

平成27年度の概算保険料については、1年間に使用する労働者に支払う賃金総額の見込額を基に計算します。ただし、年度更新では、申告年度の賃金総額の見込額が前年度の賃金総額の100分の50以上100分の200以下、要するに半分以上2倍以下の場合には、前年度の賃金総額をそのまま申告年度の賃金総額の見込額として使用することになっています。

株式会社ささき商事の平成27年度の賃金総額見込額である「33,820千円」は、平成26年度の確定賃金総額である「33,820千円」の100分の50以上100分の200以下ですから、平成26年度の実績賃金総額を基礎として、平成27年度の概算保険料を計算することになります。平成27年度の料率（不動産業の労災保険率は1000分の2.5、一般の事業についての雇用保険料率は1000分の13.5）を使用します。

① 労災保険の保険料
33,820千円×（2.5／1,000）＝84,550円

② 雇用保険の保険料
(33,820千円－800千円)×(13.5／1,000)＝445,770円

③ 平成27年分の概算保険料額
84,550円＋445,770円＝530,320円

それぞれの回の納付額を計算する

株式会社ささき商事の平成27年度の申告・納付の手続きを整理しましょう。

まず、平成26年度の概算保険料として納付した額は477,120円ですから、確定した平成26年度の保険料額（確定保険料）530,320円に対して、53,200円不足しています。この不足額に一般拠出金676円を足した53,876円を、平成27年度の概算保険料の第1期納期限（7月10日）までに納付することになります。

また、平成27年度の概算保険料については、一括納付が原則ですが、概算保険料額が40万円（労災か雇用のどちらか一方の保険関係のみ成立している場合は20万円）以上の場合、または労働保険事務組合に労働保険の事務処理を委託している場合は、保険料の額に関係なく、労働保険料を3回に分割して納付することができます。530,320円は3では割り切れませんが、1円未満の端数は第1期に納付することになります。

結局、それぞれの回の納付額は、第1期231,665円（176,774円＋53,200円＋676円）、第2期176,773円（10月31日または11月14日が納期限）、第3期176,773円（翌年1月31日または2月14日が納期限）となります。

設例（株式会社ささき商事についての労働保険料）

株式会社ささき商事（不動産業、従業員数30人）の平成26年と平成27年の賃金総額は以下の通り。

- 平成26年度見込額：29,820千円
- 平成26年度実績額：33,820千円
  （うち雇用保険の対象とならない臨時労働者分800千円）
- 平成27年度見込額：33,820千円
  （うち雇用保険の対象とならない臨時労働者分800千円、平成26年度実績額による）

14 所得税・住民税の源泉徴収事務について知っておこう

給与や賞与の支払いごとに所得税を差し引くことになる

所得税の源泉徴収とは何か

労働者が会社などで働いて得たお金（給与所得）には税金が課されます。この税金が**所得税**です。

給与所得については会社などの事業所が労働者に給与や賞与を支払うごとに所得税を徴収し、国に納付します（源泉徴収制度）。このあらかじめ天引きされた所得税のことを**源泉所得税**といいます。また、源泉徴収をする者を源泉徴収義務者といいます。

所得税は1年間（暦年、1月1日～12月31日）に得た所得に対して課される税金ですから、給与や賞与の支払いのつど源泉徴収した所得税は、あくまでも概算にすぎません。そこで、概算で徴収した所得税について、1年が終わってその年の給与所得が確定した時点で精算する必要があります。この精算手続きが**年末調整**です。

源泉徴収した所得税の納付

所得税の源泉徴収税額（源泉所得税とも呼ばれます）は、原則として給与を支給した日（源泉徴収をした日）の翌月10日までに納めます。納付については、実務上は銀行や郵便局などから所轄の税務署に納付することになります。

小規模な事業所（常時使用する労働者が10人未満の事業所）については、源泉所得税の納付を年2回にまとめて行うこと（納期の特例）ができます。この特例を受けている事業者は1月1日から6月30日までの間に労働者から預かった源泉所得税を7月10日までに納付しなければなりません。7月1日から12月31日までの間に預かる源泉所得税は翌年1月20日までに納付することになります。

源泉徴収税額は以下の式によって算出します。

給与総額－非課税額－社会保険料等＝課税対象額

「非課税額」とは、たとえば通勤手当などのように所得税が課税されない支給額のことです。

社会保険料等を算出するためには

あらかじめ「扶養控除等（異動）申告書」を社員に提出してもらい、扶養親族控除や配偶者控除、障害者控除等の有無などを確認しなければなりません。課税対象額が算出された後に「給与所得の源泉徴収税額表」に照らし合わせて源泉徴収税額を出します。

徴収した住民税の納付

個人の住民税は道府県民税（東京都は都民税）と市町村民税（東京都23区は特別区民税）からなります。一般に住民税と呼んでいるものは、道府県民税と市町村民税を合わせたものです。住民税も所得税と同様で、企業に勤めている会社員の場合は会社が給与を支払う時点で源泉徴収す

ることが定められています。

会社員などの給与所得者の場合、一般的に特別徴収によって住民税が徴収されることになります。住民税は、原則として給与を支給した日（源泉徴収をした日）の翌月10日までに納付します。特例のある場合は、6月分から11月分を12月10日までに、また12月分から翌年の5月分を翌年6月10日までに納めることになります。会社が提出した「給与支払報告書」もしくは税務署の「確定申告書」に基づいて、各市区町村が住民税額を算出し、それを記載した「特別徴収税額の通知書」を会社に送付することになっています。特別徴収税額の通知書に記載の月割額が毎月の給与から源泉徴収される額になります。

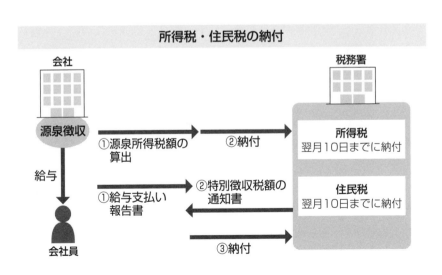

所得税・住民税の納付

15 年末調整について知っておこう

1年間に納めるべき所得税額を計算する

1年間の精算をする

10月～12月の時期に事務担当者が行うべきことで、もっとも大変な仕事は**年末調整**です。年末調整は、役員や労働者に対する毎月の給与や賞与から源泉徴収をした所得税の合計額と、その人が1年間に納めるべき所得税額との差額を調整するための手続きです。

会社などの事業所では、役員や労働者に対して報酬や給与（賞与を含む）を支払う際に所得税の源泉徴収を行っています。

しかし、その年1年間に給与などから源泉徴収した所得税の合計額は、労働者などが1年間に納めるべき税額と必ずしも一致するわけではありません。そこで、1年間に源泉徴収した所得税の合計額と、本来役員や労働者が1年間に納めるべき所得税額とを一致させる必要があります。この一致させるための手続きが年末調整ということになります。

年末調整は文字通り年末に行います。正確にいうと、1年の最後の給与が支給されるときに行います。給与が支給された後に賞与が支給されることになっている場合は、賞与の支給後に年末調整を行うこともできます。

年末調整の手順を確認する

年末調整は、労働者に1年間に支払う給与（賞与を含む）の額を合計して、次のような手順で計算を行います。

① 給与所得控除を行う

1年間に支払う給与の合計額から給与所得控除後の給与の額を求めます。給与所得控除後の給与の額は、「年末調整等のための給与所得控除後の給与等の金額の表」で求めます。

② 所得控除を差し引く

給与所得控除後の給与の額から扶養控除や生命保険料控除などの所得控除を差し引きます。

③ 税額を求める

②の所得控除を差し引いた金額に所得税の税率をあてはめて税額を求めます。

④ 税額控除をする

年末調整で住宅借入金等特別控除などの税額控除を行う場合には、求めた税額から控除額を差し引きます。差引後の税額が、その労働者が1年間に納めるべき所得税額になります。

⑤ 還付又は徴収をする

最後に、源泉徴収をした所得税の合計額が1年間に納めるべき所得税額より多い場合には、その差額をそれぞれの労働者に還付します。逆に、源泉徴収をした所得税の合計額が1年間に納めるべき所得税額より少ない場合には、その差額を労働者に支払うべき給与（または賞与）から徴収します。

年末調整の対象となる人

給与所得者であっても、年末調整の対象とならない人もいます。年末調整の対象となる人は、年末調整を行う日までに「給与所得者の扶養控除等（異動）申告書」を提出している一定の人です。年末調整の対象となる人は、12月に年末調整を行う場合と、年の途中で行う場合とで異なります。

まず、12月に行う年末調整の対象となる人は、会社などの事業所に12月の末日まで勤務している人です。

1年間勤務している人だけでなく、年の途中で就職した人や青色事業専従者（個人事業者の配偶者などで事業を手伝い、給与をもらっている者）も年末調整の対象になります。ただ、①1年間に受け取る給与の総額が2000万円を超える人、②災害減免法の規定により、その年の給与に対する所得税の源泉徴収について徴収猶予や還付を受けた人など、一定の場合には、年末調整の対象にはなりません。

また、死亡によって退職した人や、12月に支給されるべき給与などの支払いを受けた後に退職した人は、年の途中で行う年末調整の対象になります。

年末調整の対象となる給与

年末調整の対象となる給与は、その年の1月1日から12月31日まで（年の途中で退職した人などについては、退職時まで）の間に支払うことが確定した給与です。実際に支払ったかどうかに関係なく未払いの給与も年末調整の対象となります。逆に、前年に未払いになっていた給与を今年になって支払った場合、原則としてその分は含まれません。

また、通勤費、旅費、食事代など

の特殊な給与で非課税扱いとならない部分についても年末調整の対象になります。

　なお、年末調整の対象となる給与は年末調整をする会社などの事業所が支払う給与だけではありません。たとえば、年の途中で就職した人が就職前に他の会社などで給与を受け取っていたケースがあります。このような場合は、前の会社などで「給与所得者の扶養控除等申告書」を提出していれば、前の会社などの給与を含めて年末調整をすることになります。前の会社などが支払った給与の支給金額や源泉徴収税額や社会保険料の額は、前の会社などが発行した源泉徴収票によって確認します。

　もし、源泉徴収票の提出がない場合は、年末調整ができませんので、すぐに労働者にその旨を伝えて提出してもらいましょう。

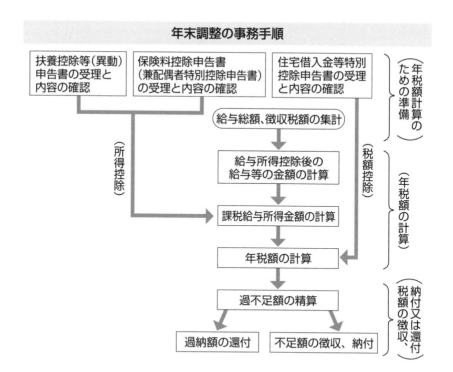

年末調整の事務手順

Column

法人税申告書の作成はとても大切

　株式会社の創業後、事業年度ごとに行う手続きの1つが法人税の申告です。法人税とは、株式会社などの法人が、事業年度（通常は1年間）中に稼いだ利益（所得）に対して課税される国税です。

　法人税の計算は、決算で確定した「当期純利益」又は「当期純損失」をベースにして行います。これに税法に基づいた調整計算を加え、課税されるべき所得の金額と、所得にかかる法人税額が算出されるというのが大まかな流れです。

　法人税の申告は、201ページで述べた通り、法人自らが税額を計算し、「法人税の確定申告書」を管轄の税務署へ提出する方法で行います。

　法人税の確定申告書は、別表と呼ばれる複数の用紙で構成されています。別表の種類は税制改正による増減はありますが、現行では別表一㈠から別表十九までとなっています。ただし、これらすべての別表をつかうわけではありません。別表にはそれぞれの法人の状況に応じて、必ず作成が必要なものと、必要に応じて作成するものとがあります。なお、毎年の税制改正により、別表の様式も少しずつ異なります。別表の役割は、法人税のもとになる法人所得の計算と、法人税の計算です。どの法人も必ず作成が必要な別表は、別表一㈠、二、四、五㈠、五㈡の5枚です。作成手順としては、まず個別の調整項目に関する別表の作成、次に別表四と五の作成、最後に別表一㈠の作成という流れになります。

　確定申告書には、決算書を添付して提出します。通常の確定申告に添付が必要な決算書類は、「貸借対照表」「損益計算書」「株主資本等変動計算書」「勘定科目内訳明細書」です。決算書以外の添付書類として、「事業概況書」も作成します。

　法人税の申告手続きは想像以上の負担や手間が伴うこともあります。必要に応じて税理士に相談・確認してもらうようにしましょう。

索　引

あ

青色申告	21、176
青色申告の承認申請書	178、186
印鑑証明書	115、116
売上原価	13、74
売上高の予測	72
運転資金	64
オンライン申請	146

か

開業資金	41、61、80
開業準備資金	80
開業場所	57
開業予定	57
回収条件	72
外注先	60
貸方	223
株式会社	16
株主間契約	158
株主名簿	134
借入申込書	48、97
借方	223
勘定科目	220、223
元本据置の猶予制度	86
給与計算	234
業種	57
共同創業	156
許認可	35
銀行印	115
金融機関	42
経営革新等支援機関	100
経常利益	84
経費項目	74
経理	210
決算	213
決算書	213、214
減価償却費	76、80
源泉徴収	248
現物出資	144

公庫融資	44、45
厚生年金保険	161
交付申請	105
個人事業	14、19
固定資産	80
雇用保険	162

さ

サービス	59
財産引受	144
三六協定	196、200
算定基礎届	202
仕入先	60
時間外労働	196
事業計画書	10
資金繰り	13
資金繰り表	14
資金計画	14
資金調達	40、61
自己資金	41、42、65
事後設立	145
資産	80
自治体の制度融資	54
社会保険	20、160
収益	13
就業規則	196
収支計画	13
収支計画書	75、77、78、79
収支予測	76
住民税	235、249
主要簿	218
種類株式	157
小規模企業共済	38
商号の調査	114
消費税	20、177
証憑書類	216
商品	59
賞与	242
書面申請	146

仕訳	227、232
新規開業資金	94
新創業融資	45、95
信用保証協会	53、86
税金関係の届出	176
制度融資	44、85
政府系金融機関	43
セールスポイント	59
設備資金	63、65
設備投資	28
設立時代表取締役	136
設立費用	144
総勘定元帳	218
創業計画書	10、56、66、68
創業促進補助金	101
創業の目的、動機	57
創業融資	48
損益計算書	214、230

.... た ....

貸借対照表	214、228
代表者印	115
担保	50
帳簿	219
賃金台帳	237、238
定款	119、122
定款の認証	131
定時決定	202
抵当権	50
適用事業	161
電子定款	113
伝票	216
添付書類	148、150
登記	146
登録免許税	149
取締役	136、192
取引条件	60

.... な ....

日本政策金融公庫	55、92
根抵当権	51

年次有給休暇	197
年度更新	201、245
年末調整	248、250

.... は ....

払込証明書	133
販売先	72
販売数	73
費用	13、80
フランチャイズ	31
プロパー融資	47
変態設立事項	144
法人税申告書	201、253
法人設立届出書	178、189
簿記	220
補助金	43、100
補助簿	218
補正	147
発起設立	112
発起人	112
本人確認証明書	151

.... ま ....

みなし自己資金	42

.... や ....

役員報酬	192
融資	54、85、86
優先株式	158
予想利益	13

.... ら ....

リース	29
連帯保証	50
労災保険	161
労働条件通知書	196、198
労働保険	20、160

.... わ ....

割増賃金	23

【監修者紹介】
大沢　豪（おおさわ　ごう）
1978年生まれ。東京都出身、グロービス経営大学院経営研究科修了（経営学修士／MBA）。税理士として東京税理士会芝支部所属（研修部幹事副部長）。ミナトBizマネジメント／大沢税理士事務所（経産省認定支援機関）。事務所の想いとして、「お客様が知りたいことがある時、困ったことが起きた時、最初に相談相手として思い浮かぶ存在の事務所でありたい」を軸に掲げている。また個人としては、MBAと税理士を活かした税務×財務×経営という3つの視点から、日本の元気を底辺から支える真の、真に価値のある中小企業を潰さない（その価値を社会に伝えるお手伝いをしていくことで）ことを志としてベンチャー支援、事業再生業務に取り組んでいる。
経営財務分析、資金繰り、中小企業白書をテーマとしたセミナー講演実績多数。JBCC2013（ジャパンビジネススクールケースコンペティション）にて準優勝。監修書に『入門図解　知識ゼロからはじめる　決算書のしくみと活用法』『図解　経理と税金のしくみがわかる事典』（小社刊）がある。

ミナトBizマネジメント㈱／大沢税理士事務所
〒105-0013
東京都港区浜松町1-27-12　RBM浜松町ビル8F
電話　03－6432－4114
http://www.osawa-tax.jp/index.htm

事業者必携
各種申請書記載例つき！　資金調達から登記、税務、社保手続きまで
最新　起業のための設立＆運営手続きサポートマニュアル

2015年8月10日　第1刷発行

監修者	大沢豪
発行者	前田俊秀
発行所	株式会社三修社

　　　　〒150-0001　東京都渋谷区神宮前2-2-22
　　　　TEL　03-3405-4511　FAX　03-3405-4522
　　　　振替　00190-9-72758
　　　　http://www.sanshusha.co.jp
　　　　編集担当　北村英治

印刷・製本　萩原印刷株式会社
©2015 G. Oosawa Printed in Japan
ISBN978-4-384-04651-9 C2032

®〈日本複製権センター委託出版物〉
本書を無断で複写複製（コピー）することは、著作権法上の例外を除き、禁じられています。本書をコピーされる場合は事前に日本複製権センター（JRRC）の許諾を受けてください。
JRRC（http://www.jrrc.or.jp　e-mail : info@jrrc.or.jp　電話：03-3401-2382）